环境法制宣传以案说法执法人员读本

王树义 主编

中国社会科学出版社

图书在版编目(CIP)数据

环境法制宣传以案说法执法人员读本 / 王树义主编. —北京：中国社会科学出版社，2015.1

ISBN 978 - 7 - 5161 - 5497 - 7

Ⅰ.①环… Ⅱ.①王… Ⅲ.①环境保护法 - 案例 - 中国 Ⅳ.①D922.685

中国版本图书馆 CIP 数据核字（2015）第 018521 号

出 版 人	赵剑英
责任编辑	任　明　梁剑琴
责任校对	闫　萃
责任印制	何　艳

出　　版	中国社会科学出版社
社　　址	北京鼓楼西大街甲 158 号（邮编 100720）
网　　址	http://www.csspw.cn
	中文域名：中国社科网　010 - 64070619
发 行 部	010 - 84083685
门 市 部	010 - 84029450
经　　销	新华书店及其他书店

印刷装订	北京市兴怀印刷厂
版　　次	2015 年 1 月第 1 版
印　　次	2015 年 1 月第 1 次印刷

开　　本	710 × 1000　1/16
印　　张	13.5
插　　页	2
字　　数	195 千字
定　　价	45.00 元

凡购买中国社会科学出版社图书，如有质量问题请与本社联系调换
电话：010 - 84083683
版权所有　侵权必究

《环境法制宣传以案说法执法人员读本》

编 委 会

主　　编　王树义

副 主 编　吴　宇

参编人员　王树义　冯　汝　刘　静　吴　宇
　　　　　周　迪　胡　斌　戴茂华

目 录

第一章 环境问题——环境执法的出发点 …………………… (1)
  第一节 环境问题及其原因 ……………………………… (1)
    一 环境问题 ………………………………………… (2)
    二 造成环境问题的原因 …………………………… (4)
  第二节 我国的主要环境问题 …………………………… (5)
    一 大气污染 ………………………………………… (5)
    二 水污染 …………………………………………… (9)
    三 土壤污染 ………………………………………… (11)
    四 噪声污染 ………………………………………… (14)
    五 海洋污染 ………………………………………… (16)
    六 固体废物污染 …………………………………… (19)
    七 破坏自然资源 …………………………………… (21)

第二章 环境法——环境执法的基本依据 …………………… (24)
  第一节 环境法概述 ……………………………………… (24)
    一 环境法的基本概念 ……………………………… (27)
    二 环境法的特征 …………………………………… (28)
    三 环境法的目的和价值 …………………………… (29)
    四 环境法与环境执法 ……………………………… (30)
  第二节 现行环境法律法规 ……………………………… (30)
    一 我国环境法的立法体系 ………………………… (30)
    二 宪法中关于环境保护的主要规定 ……………… (31)
    三 环境保护相关法律和法规 ……………………… (32)
  第三节 我国环境法的基本制度 ………………………… (33)

一　环境规划制度 …………………………………………… (37)
　二　环境标准制度 …………………………………………… (40)
　三　环境影响评价制度 ……………………………………… (46)
　四　"三同时"制度 ………………………………………… (52)
　五　申报许可证制度 ………………………………………… (54)
　六　环境费制度 ……………………………………………… (57)
　七　清洁生产制度和循环经济制度 ………………………… (61)
　八　环境资源信息制度 ……………………………………… (65)
　九　环境监察与环境监测制度 ……………………………… (73)
　十　环境行政指导制度 ……………………………………… (82)
　十一　突发环境事件应急预案制度 ………………………… (83)

第三章　环境行政执法的理论与实践——与执法者同行 ……… (90)
　第一节　环境行政执法概述 …………………………………… (90)
　　一　环境行政执法的概念 …………………………………… (90)
　　二　环境行政执法的特征 …………………………………… (90)
　　三　环境行政执法的原则 …………………………………… (91)
　第二节　环境行政执法的主体及相对人 …………………… (92)
　　一　环境行政执法主体 ……………………………………… (92)
　　二　环境行政执法相对人 …………………………………… (94)
　第三节　环境行政执法的方式和程序 ……………………… (100)
　　一　环境行政许可 …………………………………………… (100)
　　二　环境行政征收 …………………………………………… (103)
　　三　环境行政调解 …………………………………………… (113)
　　四　环境行政处罚 …………………………………………… (117)
　　五　环境行政强制执行 ……………………………………… (122)
　　六　环境行政监督检查 ……………………………………… (124)
　第四节　环境行政执法与环境司法 ………………………… (128)
　　一　环境行政执法与环境司法的区别与联系 …………… (128)
　　二　环境执法与环境司法的衔接 ………………………… (131)

第四章 环境法律责任——违反环境法的不良后果 ……… (136)
  第一节 环境行政法律责任及其构成 …………………… (136)
    一 环境行政法律责任的概念 ………………………… (136)
    二 环境行政法律责任的构成要件 …………………… (137)
  第二节 环境违法行为主体的行政法律责任 …………… (146)
    一 环境违法行为主体行政法律责任的概念 ………… (146)
    二 环境违法行为主体行政法律责任的归责原则 …… (146)
    三 环境违法行为主体行政法律责任的承担方式 …… (147)
  第三节 环境执法人员的行政法律责任 ………………… (162)
    一 环境执法人员行政法律责任的概念 ……………… (162)
    二 环境执法人员行政法律责任的归责原则 ………… (163)
    三 环境执法人员行政法律责任的承担方式 ………… (164)
  第四节 环境执法人员的刑事法律责任 ………………… (169)
    一 环境执法人员刑事法律责任的概念 ……………… (169)
    二 环境执法人员环境犯罪的构成要件 ……………… (169)
    三 环境执法人员刑事法律责任的实现方式 ………… (170)
    四 环境执法人员环境犯罪的种类 …………………… (170)

附录 ……………………………………………………………… (180)
  中华人民共和国环境保护法（新） ……………………… (180)
  中华人民共和国环境保护法（旧） ……………………… (193)

关键词索引 …………………………………………………… (200)

参考文献 ……………………………………………………… (202)

后记 …………………………………………………………… (205)

第一章

环境问题——环境执法的出发点

第一节 环境问题及其原因

我们把环境污染和环境破坏统称为环境问题,环境问题就是自然环境要素由于人为的或自然的活动导致其物理、化学、生物等各种性能的下降,以致对人体健康和财产造成威胁的现象。其中又存在原生环境问题和次生环境问题两类。原生环境问题是由于自然界的活动所造成的环境问题,比如地震、海啸、泥石流等所导致的环境要素的退化;次生环境问题则是由人类的行为所导致的环境要素的退化,如排放废水、废气和废渣导致的水污染、大气污染和土壤污染等。我们的环境法律所针对的主要是次生环境问题,因为这类问题当中包含人类的行为,所以需要法律去规制人们对自然环境的开发、利用等各类行为。

在20多年前,英国《新科学家》(*New Scientist*)杂志这样描述道:"中国正以可怕的速度丧失它的自然资源,……中国的森林覆盖率到1989年只有12%,比1949年减少0.7%。火灾是森林减少的最大原因,而且,用于烧柴、建筑、造纸的木材大于每年生长的数量。……森林的退化不可避免地冲击了野生动物,1962年,中国有60种动物濒于灭绝,这个数字在1989年已经上升到300种。……草原退化地面积已从15%发展到30%。盐碱化也是一个问题,1亿公顷耕地就有700万公顷受到影响。……湖北省1948年有湖泊1066个,1989年只有309个。……破坏植被的最大恶果要算水土流失。高原的黄土以每年每平方公里一万吨的速度丧失。"在环境污染方面,"中国正以很快的速度实现工业化,导致在华北,大气中含黄土和酸雨的量高得惊人。南方也有31个城市雨的pH值平均低于4.5。……由大量人口所引起的另一环境问题是水资源不足。中国南方水很丰富,可是在北方却是一种珍贵的资源。但水污染却是不分南北,都存在着问题。……中国每年有15亿立方米的生物污水和45亿立方米的工业污水流入海中,已使近海捕鱼区减少1/3。污水流经的河流,有2000公里不能维持鱼类的生存。流域有1亿5千万人饮用污水"[①]。经过20多年之后,21世纪的今天,中国目前的环境问题变得更为严重。

一 环境问题

1. 环境污染

环境污染是指由于人们在生产建设或其他活动中产生的废气、废水、废渣、粉尘、恶臭气体、放射性物质以及噪声、振动、电磁波辐射等对环境的污染和危害,是环境质量恶化,影响了人体健康、生命安全,或者影响了其他生物的生存和发展以致破坏生态系统良性循环的现象。

(1) 水污染加剧

我国水资源污染严重。2000年,水利部对全国700余条河流约10万公里河长的水资源质量进行评价,评价后指出,目前已有46.15%的河长受到污染;10.6%的河长严重污染,水体已丧失使用价值;90%以上的城市水域污染严重。据有关媒体报道,中国有1/4的人口在饮用不符合卫生标准的水,水污染已经成为中国最主要的水环境问题。

(2) 固体和有毒废弃物污染严重

我国工业固体废物的产生量和堆存量以平均每年2000万吨的速度增长,城市垃圾以每年10%的速度增加,造成垃圾包围城市的严峻局面。固体废物中含有各种有毒有害物质,扬尘污染大气,渗滤液污染地表水和地下水,堆存物污染农田,造成土壤质量下降,并成为

---

① 李朝先编译:《国外评中国的生态环境问题》,《世界科技研究与发展》1990年第1期。

重大的环境隐患。目前全国遭受工业固体废物和城市生活垃圾危害的耕地已达1000万公顷,每年损失粮食120万公斤。

(3) 酸雨和空气污染严重

随着工业发展和化学燃料的大量使用,排入大气中的二氧化硫、二氧化氮越来越多。我国空气污染以城市最为严重。全国600多个城市,大气环境质量符合国家一级标准的不到1%。据统计,我国每年排放的二氧化硫和烟尘分别为近2000万吨和1200万吨,是排放量最大的国家。空气污染导致酸雨。全国已有20多个省、市出现酸雨,酸雨面积占国土面积的30%,污染农田几百万公顷,年直接经济损失200亿元。

(4) 有毒有害化学品污染已对环境和人体健康构成明显威胁

化学农药、化学肥料等的大量应用,使自然界中原有的生态平衡被破坏,尤其是那些高毒高残留农药的使用,使粮食、蔬菜、水果和其他农副产品中有毒成分增多,影响食品安全,并危害人体健康。同时农业生产中大量使用化肥,引起湖泊水库的富营养化和地下水的污染,使生态环境受到严重摧残。据资料报道,我国农药年使用量已达25万吨,全国受农药污染的农田约1600万公顷,主要农产品的农药残留超标率高达20%。农药已成为我国环境污染的重要来源之一。

2. 环境破坏

环境破坏是指由于人们对环境不合理的开发利用活动所造成的现象,即由于毁林开荒、过度放牧、掠夺性捕捞、乱猎滥采、不合理灌溉、不适当的水利工程、过量抽取地下水和破坏性采掘、不恰当种植或者移民、人口增长过速和都市化等造成的水土流失、土地沙漠化、耕地锐减、森林蓄积量下降、矿藏资源遭破坏,旱涝灾害频繁,以及传染病、地方病流行等。

(1) 水资源短缺

由于人口的增长和社会经济发展需求的日益增加,水资源数量的短缺和质量的恶化已成为危及我国现代化建设和持续发展的重大问题。全国有300多个城市缺水,100多个城市供水矛盾突出,地下水超采严重,每年因缺水造成的直接经济损失达2000亿元。21世纪,我国水资源供需矛盾将进一步加剧。据预测，到2050年全国将缺水6000亿—7000亿立方米。

（2）土地退化和荒漠化

我国土地退化的主要表现形式是水土流失和土地荒漠化。目前，我国水土流失面积达367万平方公里，占国土总面积的38.2%，全国每年流失土壤50多亿吨，丧失肥力4000万—5000万吨；累计损失水库库容200亿立方米。我国是世界荒漠化最严重的国家之一，全国土地荒漠化面积已达到262.12万平方公里，占国土总面积的27.13%。每年因荒漠化造成的直接经济损失约65亿美元，占全球荒漠化经济损失的15%。目前，荒漠化仍以每年2460平方公里的速度发展，相当于一年损失一个中等县的面积。水土流失及荒漠化带来生态环境恶化，使得自然灾害加剧。

（3）毁林和对生物多样性的损害

森林不但为人们提供薪材、为经济发展提供原材料，还为各种野生生物提供优越的活动场所，是调节气候的"地球之肺"。近几十年来，由于无节制地采伐，毁林造田，以及森林火灾等，我国森林面积逐渐缩减。据统计，20世纪50—90年代间，西双版纳热带雨林消失了1/3，海南岛现有天然林面积只有新中国成立初期的20%。森林减少，尤其是热带雨林锐减，野生生物生存的自然环境也在减少。我国虽是地球上生物多样性最丰富的国家之一，但物种濒危的现象却十分严重，我国目前有4600种高等植物和400多种野生动物处于濒危或临界状态。

二 造成环境问题的原因

1. 经济增长加速了对环境的破坏

过去20年，我国GDP年平均增长率高达9.17%，是经济增长最快的国家之一。但经济增长的过程往往是对自然资源开发与使用的过程，过度的开发与使用会对环境造成负面影响。目前，我国正处于迅速推进工业化和城市化的发展阶段，对自然资源的开发不断加大，由此产生了大规模的生态破坏和日益严重的环境污染。

2. 粗放的要素投入结构对环境的危害

改革开放以来,我国的经济发展总体上仍然承袭了"资源型"、"数量型"的发展模式,经济增长往往是建立在资源优势基础上的粗放型经济增长,这种增长基本依赖自然资源消耗来维持,它不仅损害生态环境,而且破坏了未来持续发展的基础。

3. 人口增长对生态环境的压力

目前我国人口约13亿,每年仍净增1000万左右。我国资源有限,人口的增加不仅导致了人均资源拥有量的减少,而且导致资源消耗的增长,人口对资源的巨大压力在相当长时期内难以扭转。

4. 技术水平低加剧了环境问题的严重性

我国多数工业技术装备是发达国家20世纪五六十年代的水平,甚至一些三四十年代的设备还在运行;不少新建项目技术起点低;发达国家的能源利用率为50%、60%以上,而我国只有30%左右。乡镇工业的技术、装备往往更加落后,管理水平低,造成浪费和污染。

5. 环保执法不严

目前我国环保有法不依、执法不严、违法不究的现象仍然十分严重。例如,一些地方政府干预环保部门严格执法;有些地方置国家的产业政策于不顾,仍热衷于建设资源能源浪费大、污染严重的工业项目;在建设新项目时,不执行国家"先评价、后建设"的规定,出现了一些新的不合理布局。

第二节 我国的主要环境问题

一 大气污染

在干净、清洁的大气中,痕量气体[①]的组成是微不足道的。但是

[①] 大气中浓度低于10^{-6}的粒种。指总数为1000000个分子中只有一个待研究分子,如大气中的CO、N_2O、SO_2、O_3、NO、NO_2、CH_4、NH_3、H_2S、卤化物、有机化物等都属于痕量气体。

在一定范围的大气中，出现了原来没有的微量物质，就有可能对人、动物、植物及物品、材料产生不利影响和危害。大气中污染物质的浓度达到有害程度，以致破坏生态系统、人类正常生存和发展的条件，对人或物造成危害的现象叫作大气污染。凡是能使空气质量变差的物质都是大气污染物。大气污染物已知的约有100种。按其存在状态可分为两大类：一种是气溶胶状态污染物，另一种是气体状态污染物。气溶胶状态污染物主要有粉尘、烟液滴、雾、降尘、飘尘、悬浮物等。气体状态污染物主要有以二氧化硫为主的硫氧化合物，以二氧化氮为主的氮氧化合物，以二氧化碳为主的碳氧化合物以及碳、氢结合的碳氢化合物。大气中不仅含无机污染物，而且含有机污染物。

大气污染的发生有自然因素（如森林火灾、火山爆发等）和人为因素（如工业废气、生活燃煤、汽车尾气等）两种，并且以后者为主要因素，主要是工业生产和交通运输所造成的。大气污染主要过程由污染源排放、大气传播、人与物受害这三个环节所构成。影响大气污染范围和强度的因素有污染物的性质（物理的和化学的），污染源的性质（源强、源高、源内温度、排气速率等），气象条件（风向、风速、温度层结等），地表性质（地形起伏、粗糙度、地面覆盖物等）。

大气污染防治方法很多，根本途径是改革生产工艺，综合利用，将污染物消灭在生产过程之中。其他措施有：全面规划，合理布局，减少居民稠密区的污染；在高污染区，限制交通流量；选择合适厂址，设计恰当烟囱高度，减少地面污染；在最不利气象条件下，采取措施，控制污染物的排放量。我国已制定《中华人民共和国大气污染防治法》，并制定国家和地方的"大气污染物排放标准"，以减轻大气污染，保护人民健康。

★典型案例

案例1：Q公司排放废气、废水污染行政处罚案

【案情简介】

Q公司的鱼粉生产车间位于B市地角群和市场对面，北侧为地角

中学，南侧为群和市场，东、西两侧为居民区。按照 B 市环境空气质量和地表水功能区划分，该地段属环境空气二类区范围，所排放的工业废水排入海域为四类功能区。受 B 市环境保护局的委托，B 市环境监测中心站于 2003 年 8 月 19 日、20 日、21 日，9 月 10 日、11 日，11 月 16 日使用微电脑烟尘平衡采样仪、TH990 智能烟气分析仪、滴定管、电子天平、恒温培养箱，应用重量法、仪器法、重铬酸钾法、稀释与接种法，以及国家环境保护恶臭污染控制重点实验室应用三点比较式臭袋法对 Q 公司在生产鱼粉过程中外排的烟尘、二氧化硫、化学需氧量、悬浮物、五日生化需氧量、臭气浓度进行了监测，监测结果显示 Q 公司在生产鱼粉过程中外排的锅炉废气、废水、恶臭等污染物超过了国家规定的排污标准。2004 年 B 市人民政府对 Q 公司作出限期治理的决定，要求 Q 公司在 2004 年 8 月 30 日前完成治理任务并向 B 市环境保护局提交竣工验收申请报告，由 B 市环境保护局组织对限期治理的项目进行验收。Q 公司不服，向省人民政府申请行政复议，2004 年 6 月省人民政府维持了 B 市人民政府的限期治理决定。

2004 年 9 月，限期治理期限到期，B 市环境保护局按照限期治理验收的有关要求、程序委托 B 市环境监测中心站于 2004 年 9 月 15 日、21 日、23 日、24 日，10 月 9 日、21 日、25 日、26 日以及 2005 年 1 月 24 日、26 日，使用 MA110 电子天平、TH990 智能烟气分析仪、滴定管、微生物法 BOD 快速测定仪，通过应用重量法、仪器法、碱性碘化钾高锰酸钾法、微生物传感器快速测定法、三点比较式嗅袋法对 Q 公司的外排锅炉废气、废水、恶臭等污染物进行了监测。监测结果表明：Q 公司在生产鱼粉过程中，外排生产废水中化学需氧量、生化需氧量仍然超过《污水综合排放标准》（GB8978—1996）中的二级标准。锅炉废气烟尘、二氧化硫的浓度均超过《锅炉大气污染物排放标准》（GB13271—2001）中燃煤锅炉中的其他锅炉二类区 I 时段的标准。厂界恶臭污染物超过《恶臭污染物排放标准》（GB14554—93）中的二级标准。B 市人民政府根据《中华人民共和国环境保护法》第三十九条的规定，作出环境行政处罚决定，决定关闭 Q 公司。Q 公司不服，向省人民政府申请行政复议，2005 年 9 月，省人民政府作出复议决定,维持B市人民政府环境行政处罚决定。

案例2:安化县大气污染环境事故案①

【案情简介】

1992年,安化县梅城镇卫生纸厂厂长龙某与其妻在梅城镇东华村开办了一家以废纸为原料的再生卫生纸厂,后因故倒闭。由于经济利益的驱使,在国务院下达"凡5000吨以下土法造纸小企业一律取缔"的禁令后,2001年1月,龙某与刘某、张某仍然决定合伙投资96万多元扩大卫生纸厂规模,将再生卫生纸厂搬迁到梅城镇;由龙某任厂长,刘某负责机械管理及维修,张某主管财务。之后,他们向县环保局递交了签有所在村镇许可意见的《请求恢复生产的报告》。2002年3月,他们未经审批即擅自将纸厂搬迁至梅城镇原供电所院内进行扩建,并购置了大量芦苇和圆形蒸球等机械设备,准备进行蒸煮制浆生产。同年4月,龙某代表该厂在安化县环境保护局签订了《安化县土纸生产和土法炼铁环境污染治理整顿责任状》,交纳了相关的污染治理资金。之后,顺利地办到了《污染物排放许可证》,并沿用原梅城纸厂龙某之妻的《个体工商户营业执照》,进行蒸煮制浆造纸生产。这样该厂就由一个再生纸厂摇身变成了一个造纸厂。由于造纸工艺过不了关,龙某等人从2002年10月份起,将造纸原料由芦苇改为木片,到事故发生时共生产了10多次,生产所余废水,仅通过自行设计的四个简易沉淀池,沿着原梅城供电所的一条下水暗沟流出。其从蒸球内排出的高温废气原是从屋顶向空中排放,因周围群众反应强烈,也改为排入一个容积约2立方米的冷水池后与废水一同排放。在相当长的时间内,梅城镇卫生纸厂在进行制浆生产时,所排放废水都是先把废水、废气冷却后再向外排放,所幸没有发生中毒事故。

可是,2003年5月8日晚上8时多,该厂直接将废水、废气注入

---

① 洪克非、周小明:《首例大气污染环境事故案:谁为86名中毒者买单》(http://news.sohu.com/2004/03/01/05/news219250562.shtml)。

冷水中直接向外排放，含有有毒成分的废水、废气流经厂门前一条几十米的露天水沟后注入紧挨东华完小旁的一个地下水道，高温挥发出的有毒气体很快通过过水孔扩散到学生寝室里，引起师生集体中毒。5月8日晚上8点20分，学校熄灯铃声响过后，正打算就寝的学生们忽然发现位于校门口一栋的寝室内气味很臭、刺鼻。学生们相继出现发烧、头昏、气促、胸闷、呼吸困难等症状。由于学校里高年级寄宿生有200多名，见情况紧急，在校的老师们马上跑到寝室，要求已上床休息的学生迅速到操场疏散，许多学生连衣服、鞋子都来不及穿就拼命往操场跑。时任完小校长的夏持农等人急忙拨打了报警和急救电话。后经安化县环保局、县卫生防疫站初步认定：这是由于安化县梅城卫生纸厂排放有毒废水而引起的触目惊心的重大环保事故。

2003年5月14日，益阳市环保局根据国家环保总局《报告环境污染与破坏事故的暂行办法》第五条、第六条之规定，就安化梅城镇卫生纸厂蒸煮废气致东华完小学生群体性中毒事故的性质作出如下结论：

一、经调查认定本次事故是由于梅城镇卫生纸厂蒸煮工艺所排硫化氢及含硫有机废气经下水道泄入东华完小学生宿舍所致的群体性中毒的重大污染事故。

二、安化梅城镇卫生纸厂未经批准擅自新上造纸蒸煮制浆工艺进行生产，所排硫化氢和含硫有机废气随废水经其下水道流出后，因梅城镇东华完小下水道与该厂下水道相连，该厂废气倒流进入学校下水道逸出散发进入了学生宿舍。该厂的行为已违反《建设项目环境保护管理条例》第九条之规定，生产过程中所排废气可致中毒症状与学校学生中毒症状相同，且事故发生时并无其他途径和类似气体可进入学校，安化梅城镇卫生纸厂是造成本次重大污染事故的直接责任方。

二 水污染

水污染是指由于人们的生产和其他活动，使污染物或者能量进入水环境，导致其物理、化学、生物或者放射性特征的变化，造成水质变化，影响水体的有效利用，危害人体健康、生命安全或者破坏生态的现象。水污染会造成对人体健康、工农业生产、渔业生产等方面的危害。人直接饮用含有病毒、病菌或者寄生虫的污水后，会引起疾病蔓延。而长期饮用含有汞、铬、镉、铅、砷等重金属的水或食用受到农药污染的鱼、蔬菜和粮食后，则会因为这些重金属和有毒、有害化学物质在人体内的蓄积，导致人体健康受损。对于生长在水中的鱼类和其他水生生物来说，洁净的水同样重要。由于一些鱼类和水生生物对水质较为敏感，一旦水质变差，则会导致其死亡，从而影响渔业生产的效率。

★典型案例

案例3：福建紫金矿业有毒废水污染案

【案情简介】

2010年7月3日下午3点50分左右，紫金矿业集团股份有限公司紫金山铜矿湿法厂岗位人员发现污水池待处理的污水水位异常下降，且有废水自废水池下方的排洪涵洞流入汀江干流。同时，政府也接到群众反映汀江水质异常。7月4日14时30分，渗漏污水得到有效控制，但外渗污水量已达9100立方米。事故发生后，造成沿江上杭、永定大量鱼类死亡和水质污染，该事件不仅给当地民众健康、水资源、生态等造成了严重危害，而且在污染发生后非但没有采取有效措施，还瞒报事件。7月12日下午，福建省环保厅通报称，紫金矿业集团铜矿湿法厂污水池发生渗漏，污染了汀江，部分江段出现了死鱼。据初步统计，汀江流域仅棉花滩库区死鱼和中毒鱼就达328万斤；7月13日，紫金矿业集团总裁接受记者采访说，肇事的铜矿湿法厂已经无限期停产。7月15日晚间11点福建上杭县政府召开新闻发布会，通报对紫金矿业污染事故调查的处理结果。紫金矿业被要求立即停产进行整改，当地司法部门启动对此事的刑事调查。7月16日，紫金矿业污水再次泄漏，此次泄漏流入汀江的污水达500立方米。7月27日福建省环保厅对外发布公告称，根据《中华人民共和国水污染防治法》第八十三条第一款的规定，对紫金矿业集团股份有限公司董事长、常务副总裁兼紫金山金（铜）矿矿长分别处以人民币 705997 元、449768 元的罚款。7 月 29 日，紫金矿业公告称，公司副总裁被公安机关刑事拘留，上杭县县长因污染被停职。福建省环境保护厅对此环境污染事件开具了最大一笔罚单，重罚紫金矿业 9563130 元，并责令其采取治理措施，消除污染，直至治理完成。

案例 4：四川沱江水污染案

【案情简介】

2004 年 2 月 28 日开始，四川沱江简阳段出现水污染导致零星死鱼现象，到 3 月 2 日沱江流域简阳至资中段的水污染已致使 20 万公斤鱼死亡，直接经济损失达 160 余万元，环保部门监测表明，这次污染事故的主要污染物为氨氮和亚硝酸盐。四川某化工公司在上述江段实施技改调试过程中，相关设备出现异常故障，导致氨氮严重超标排放。经调查，2004 年 3 月份，四川某化工公司人为地将大量氨氮超标几十倍的工业废水，排进了沱江，造成下游内江、简阳等地上百万人前后近二十天无水可喝。该化工公司违反《建设项目竣工环境保护验收管理办法》第 7 条、第 8 条的规定，在未经省环保厅试生产批复的情况下，擅自于 2004 年 2 月 11 日对日产 1000 吨合成氨及氨加工装置增产技术改造工程投料试生产。在试生产过程中，工艺冷凝液处理系统不能正常运行，使没有经过完全处理的含氨氮的工艺冷凝液直接排放。此外，该公司生产部门在日常生产中忽视环保安全，在同年 2 月至 3 月期间，在一化尿素车间、三胺一车间、三胺二车间的环保设备未正常运转的情况下进行生产，导致高浓度氨氮废水直接外排。由于这些原因，造成四川某化工公司排污沟排放的废水氨氮指标严重超过国家水污染物排放标准，致使沱江干流于 2004 年 2 月至 4 月期间发生特大水污染事故，给成都、资阳、内江、自贡、泸州五市的工农业生产和当地的人民生活造成严重影响和重大经济损失。经核查认定，该次事故造成直接经济损失为 2.19 亿元。

三 土壤污染

人为活动产生的污染物进入土壤并累积到一定程度，引起土壤质量恶化，并进而造成农作物中某些指标超过国家标准的现象，称为土壤污染。污染物进入土壤的途径是多样的，废气中含有的污染物质，特别是颗粒物，在重力作用下沉降到地面进入土壤，废水中携带大量污染物进入土壤，固体废物中的污染物直接进入土壤或其渗出液进入土壤。其中最主要的是污水灌溉带来的土壤污染。农药、化肥的大量使用，造成土壤有机质含量下降，土壤板结，也是土壤污染的原因之一。土壤污染除导致土壤质量下降、农作物产量和品质下降外，更为严重的是土壤对污染物具有富集作用，一些毒性大的污染物，如汞、镉等富集到作物果实中，人或牲畜食用后中毒。受污染的土壤不能再作为耕地，只能改作他用。

★ **典型案例**

案例5：常德市石门县土壤环境污染案

【案情简介】

湖南省常德市石门县以盛产雄黄出名。雄黄，是一种橘黄色粒状固体或橙黄色粉末，其主要化学成分为硫和重金属砷。高品位的雄黄被用来制药、工业防腐、农业杀虫和制造烟火。常德石门县雄黄矿石资源丰富、品质好，1956年国家建矿开始用土法人工烧制雄黄炼制砒霜，并用炼砒炉尾气生产硫酸，不计其数的砒霜、雄黄粉从这里源源不断地运出去，送往中国甚至世界的各个加工厂，在过去的几十年间为这片土地创造了光荣和财富，同时也深埋下砷中毒的种子。多年来，矿区生产硫酸的废水以及炼砒过程产生的砒灰和二氧化硫，未经处理便直接排放出来污染了环境。当年雄黄矿生产的时候是废气漫天飞、废水满沟流、废渣到处堆，如此状况长达20多年，给当地水质和土壤环境造成严重污染，1978年，国家停止雄黄矿的炼砒行为，随后建起了硫酸厂和磷肥厂，但污染排放仍旧持续着，直到2011年这些企业因为污染问题才被彻底关停。从1978年停止炼砒到现在已经过去了几十年。此地是亚洲最大的雄黄矿区，是当年炼制砒霜和生产硫酸的地方。据炼砒工人介绍，矿石中20%可以提炼成砒霜，剩余80%的废矿渣便被露天倾倒在河道边上。生产过程中所产生的砒灰便从烟囱中冒出，向四周扩散。方圆30多平方公里的面积受到了严重的污染。离它最近的鹤山村是受污染最为严重的地方。直到现在，河里都能找到很多"砒灰渣子"。而"砒灰渣子"就是没有炼干净的雄黄，烧熟以后白色的就是砒霜。当年炼砒和生产硫酸的矿渣，成年累月地堆砌在这条河边，残留的砷便直接流入河里。据不完全统计，距离雄黄矿百米之外的鹤山村全村700多人中，有近一半的人都是砷中毒患者，村中患癌症的人比比皆是。根据磺厂医院的初步统计，近二十年来，因砷中毒致癌死亡的已有157人，而且因砷中毒引发癌症的患者人数也在逐年增加，年龄也在逐步年轻化，砷中毒在这个村子已经是见怪不怪的事情了。

致使村民患病的砷正是通过对土壤造成污染，进而渗入水体，再对饮用了受污染的水资源的村民造成伤害。根据世界卫生组织以及我国《生活饮用水卫生标准》规定，每升饮用水中砷的含量不能超过0.01MG/L，而北京医科大学公共卫生学院20世纪90年代在石门矿区附近做"砷暴露研究"表明，矿区附近的鹤山村河水含砷量达到0.5—14.5MG/L，超出标准上千倍。

案例6：化工厂污染土壤致使农作物绝收案
【案情简介】

1989年，民主村投资开办了村民主化工厂，在企业章程中明确规定由村里投资并承担民事责任。1993年因区划更名为区民主化工厂，1997年更名为大众化工厂。大众化工厂为集体经营单位（非法人），现负责人为承包人赵某，该厂位于吉林市江北乡民主村。在生产过程中，该化工厂对外大量排放土硫氨。由于大众化工厂生产工艺落后，产品堆放没有防渗漏措施，经多年积累造成该区域土壤污染严重。2005年，因吉林地区连降大雨，致使大众化工厂的污染物随雨水流入民主村附近的官地村农田，造成李某承包的耕地受到污染，玉米绝收。

事故发生后，区环境保护监察大队对受污染地块进行了监测，于2006年作出《关于江北乡官地村农田污染的调查报告》，证明李某所受污染的事实及污染是由大众化工厂造成的。经吉林市农业环境保护监测站鉴定并出具《江北乡官地村玉米受害经济损失评估报告》，证实造成李某损失人民币365.5元，同时也证实李某的土地污染与大众化工厂排出物土硫氨有关。正是由于大众化工厂不积极采取措施，长期存在污染环境的行为，才导致李某所承包耕地因污染造成玉米绝收的损害。

四 噪声污染

噪声是指在工业生产、建筑施工、交通运输和社会生活中所产生的干扰周围生活环境的声音。从生理学观点来看，凡是干扰人们休息、学习和工作的声音，即不需要的声音，统称为噪声。当噪声对人及周围环境造成不良影响时，就形成噪声污染。产业革命以来，各种机械设备的创造和使用，给人类带来了繁荣和进步，但同时也产生了越来越多而且越来越强的噪声。在城市噪声源中，交通噪声占28.9%，社会生活噪声占46.8%，建筑施工噪声占5.1%，工业噪声占8.3%，其他噪声占10.9%。

由于噪声属于感觉公害，所以它与其他有害有毒物质引起的公害不同。首先，它没有污染物，即噪声在空中传播时并未给周围环境留下什么毒害性的物质；其次，噪声对环境的影响不积累、不持久，传播的距离也有限；噪声声源分散，而且一旦声源停止发声，噪声也就消失。因此，噪声不能集中处理，须用特殊的方法进行控制。简单地说，噪声就是声音，它具有声学的一切特性和规律。但是噪声对环境的影响和它的强弱有关，噪声越强，影响越大。衡量噪声强弱的物理量是噪声级。

★典型案例

案例7：重庆某建筑公司噪声污染案

【案情简介】

2003年9月6日凌晨零时7分，重庆市环保局12369环境污染投诉受理中心接到市民投诉，重庆市沙坪坝区天星桥车辆检测站旁某建筑工地正在使用振捣棒等机具进行夜间施工作业，噪声严重影响周边居民休息。市环保局接到投诉后，立即派执法人员赶赴现场，在现场发现某建筑公司承建的某工程现场，正在使用塔吊、振捣棒、输送泵进行混凝土浇筑作业。市环保局执法人员立即对整个施工现场进行摄像取证，在整个施工现场未发现环保部门的夜间施工审批手续，经环境监测人员现场检测，场界噪音值达61.8分贝，超过国家规定的标准6.1分贝。随后市环保局执法人员找来当晚负责现场施工的施工员做笔录，在查实某建筑公司未办理夜间施工临时排污许可证擅自施工的情况下，执法人员当场责令其立即停止夜间施工作业，同时发出《环境保护行政处罚告知书》。2003年9月30日，市环保局针对原告某建筑公司的上述违法行为，依据《重庆市环境噪声污染防治办法》的规定，对某建筑公司作出立即改正违法行为、罚款28000元的行政处罚决定书。某建筑公司不服，于2003年10月24日向重庆市人民政府申请复议。2004年2月11日，重庆市人民政府的行政复议决定书维持了市环保局的行政处罚决定书。某建筑公司不服复议决定，遂向人民法院提起诉讼。法院认为，《重庆市环境噪声污染防治办法》第四十条规定，"违反本法规定，晚22点至次日晨6点未经批准在城市市区噪声敏感建筑物集中区域内进行产生环境噪声污染的建筑施工作业的，由环境保护行政主管部门责令改正，处5000元以上3万元以下罚款；擅自使用打桩机、推土机、挖掘机、振捣棒和电锯等强噪声机具扰民的，从重处罚"。某建筑公司未依法办理《污染物排放临时许可证》，在晚22点至次日晨6点期间使用振捣棒、塔吊等强噪声机具进行施工，场界噪音超过国家规定标准。因而，法院维持了市环保局作出的行政处罚决定。

案例8：四川某工业公司噪声污染案

【案情简介】

2010年2月24日，环境保护部环境投诉受理中心接到群众来电，反映重庆市某工业公司全天24小时生产，压缩机产生巨大噪声，影响周围居民生活。公司距离周围最近居民点仅5米左右，沙坪坝区环保局曾进行监测，发现噪声严重超标。另外，由于企业的设备老旧，除尘效果不佳，导致附近黑色粉尘污染严重。

接到投诉后，环境保护部将案件转交给重庆市沙坪坝区环保局。该局随即对企业进行调查。经查，重庆市某工业公司成立于1994年，于1997年搬迁，由于属于老企业，所以未办理环境影响评价手续。企业车床和空压机产生的噪声通过封闭门窗和建隔音墙降噪。2010年3月9日，沙坪坝区环保局现场调查时发现，企业与周边居民临近。经监测，噪声扰民属实。故而，针对企业违法排放噪声的行为，沙坪坝区环保局做出了限期治理的《环境违法行为责令改正通知书》。

五 海洋污染

海洋污染通常是指人类改变了海洋原来的状态，使海洋生态系统遭到破坏。有害物质进入海洋环境而造成的污染，会损害生物资源，危害人类健康，妨碍捕鱼和人类在海上的其他活动，损害海水质量和环境质量等。

海洋面积辽阔，储水量巨大，因而长期以来是地球上最稳定的生态系统。由陆地流入海洋的各种物质被海洋接纳，而海洋本身却没有发生显著的变化。然而近几十年，随着世界工业的发展，海洋的污染也日趋加重，使局部海域环境发生了很大改变，并有继续扩大的趋势。大量污染物排放入海，直接或间接对人体健康产生危害。而且，大量有毒有害物质进入海洋，破坏了海洋生物的栖息环境，损害了海洋生态环境和海洋生物资源，也给海洋渔业生产带来了严重损失。

★典型案例

案例9：山东某国际海运公司油污损害案

【案情简介】

1997年8月，山东某国际海运公司所属的X号轮从黄埔港装载5783吨硫铁矿开往韩国。途径广东省大亚湾水产资源自然保护区碧甲海面时倾斜沉没，造成油污事故。事故发生后，广东省海洋与水产厅组织有关渔政海监执法人员、农业部渔业环境监测中心南海区监测站和广东省渔业环境监测站的科研人员于8月27日赴现场调查采样。通过实地采样取证和社会走访等相结合的方法，农业部渔业环境监测中心南海区监测站和广东省渔业环境监测站于同年12月作出《X号货轮溢油造成大亚湾渔业资源及渔业生产损失的调查报告》，记载：1997年8月，调查人员抵达溢油现场，观察到X号轮的漏油已经污染了周围大面积的海面，并且仍有燃油源源不断从船底溢出。向桑洲、大辣甲一带方向漂移；根据漂移的方向及污染范围，共布设了6个采样站位，重点调查的为出事地点及大辣甲、小辣甲一带海域。被采样的6个站位表层海水的石油浓度为745—2057微克/升，平均2212微克/升，均已大大超过我国《渔业水质标准》的限制值13.9—163.6倍，平均超标43.2倍。与农业部渔业环境监测中心南海区监测站于1995年对大亚湾渔业环境质量的监测结果相比较，本次调查的海水石油平均浓度已超过124.7倍。该浓度已远远超过石油对海洋鱼、虾、贝类的急性死阈值。

本次溢油造成渔业环境严重污染的范围约64平方公里，主要包括西至大辣甲、小辣甲，北至三角洲，南至大亚湾口的海域范围。本次溢油事故的发生，已对大亚湾的渔业资源和生态环境造成急性影响。通过采用事故后的拖网试捕和历史调查资料相结合的方法，估算出大亚湾渔业资源直接损失量为72吨，经济损失为720000元。受本次溢油事故影响，大亚湾游泳生物资源恢复到原来正常水平，至少需1—3年。根据中华人民共和国农业部《水域污染事故渔业资源损失计算方法规定》，污染事故造成的大亚湾渔业资源的中、长期损失不应低于直接损失额的3倍。结合本次漏油造成渔业资源损害的实际情况，大亚湾渔业资源的中、长期损失为2160000元；本次漏油事故严重干扰了附近惠东县稔山镇、巽寮镇和平海镇渔民在大亚湾海域的正常生产，有近80%的渔船基本处于停产或半停产状态，不少渔船的渔具和渔获物遭受污染。其中，稔山镇遭受渔业捕捞生产损失171400元，巽寮镇遭受渔业捕捞生产损失200000元，平海镇碧甲乡遭受渔业捕捞生产损失15000元，共计386400元。本次漏油事故对大亚湾一带的水产养殖及增养殖造成较大影响，受影响最大的是砂厂及桑洲附近海域的水产养殖户，根据《水域污染事故渔业资源损失计算方法规定》初步计算，本次溢油共造成海胆养殖损失 390000 元，鲍鱼养殖损失 420000 元，网箱养殖损失 43680 元，共计 853680 元。

案例 10：山东蓬莱溢油污染海洋案

【案情简介】

2011 年 6 月，蓬莱 19—3 油田先后发生两起溢油事故。首先是国家海洋局北海分局接到 K 石油公司报告，在蓬莱 19—3 油田 B 平台东北方向海面发现不明来源的少量油膜。6 月 8 日，K 公司再次报告，在 B 平台东北方向附近海底发现溢油点。北海分局此后组织专家进行分析，认为根据卫星遥感结果、油指纹鉴定以及专家会商结果，确认溢油来自蓬莱 19—3 油田。6 月 17 日，北海分局又接到在油田附近的中国监测船报告，发现 C 平台及附近海域大量溢油。经过调查发现，其中 B 平台附近溢油是因为 6 月 2 日 B23 井出现注水量明显上升和注水压力明显下降的异常情况时，K 公司没有及时采取停止注水并查找原因等措施，而是继续维持压力注水，导致一些注水油层产生高压、断层开裂，沿断层形成向上串流，直至海底溢油。而 C 平台的溢油，主要是因为 C25 井回注岩屑违反总体开发方案规定，未向上级及相关部门报告并进行风险提示，数次擅自上调回注岩屑层至接近油层，造成回注岩屑层临近油层底部并产生超高压，致使 C20 井钻井时遇到超高压，出现井涌，由于井筒表层套管鞋附近井段承压不足，产生侧漏，继而导致地层破裂，发生海底溢油事故。

事故发生后，国家海洋局对溢油海域进行了调查和评价。本次溢油单日最大分布面积达到 158 平方公里，蓬莱 19—3 油田附近海域海水石油类平均浓度超过历史背景值 40.5 倍，最高浓度达到历史背景值 86.4 倍。溢油点附近海洋沉积物样品有油污附着，个别站点石油类含量是历史背景值的 37.6 倍。

溢油事故对海洋生态系统的影响是一个长期缓慢的过程，在事故发生的初期监测到的劣四类海水海域面积为 840 平方公里，未来可能受到影响的面积还会扩大。除了被回收的溢油，还有相当一部分会与海水融合或沉到海底。并且，溢油事故对海产养殖以及海洋生态环境所造成的损失评估也是一件特别困难的事情，对后续的索赔工作造成了障碍。

六 固体废物污染

固体废物是指在生产、生活和其他活动中产生的丧失原有利用价值或者虽未丧失利用价值但被抛弃或者放弃的固态、半固态和置于容器中的气态物品、物质以及法律、行政法规规定纳入固体废物管理的物品、物质。固体废物具有多方面的环境污染危害性质，是主要的环境污染物质之一。长期露天堆存和非安全性、非无害化的地下填埋、焚烧固体废物特别是危险废物，会污染土壤、水体（地表水和地下水）和大气；固体废物贮存或者处置时产生恶臭、毒气、微粒扩散或者自燃等会污染大气，会对环境卫生和市容市貌产生影响，恶化城市居民生活条件，对人体健康形成威胁；向环境不当排放固体废物，占用大量土地、水面，造成土地和水资源的污染、破坏和浪费。

★典型案例

案例11：J公司固体废物污染案

【案情简介】

1996年4月，齐某与村委会签订了一份荒地承包合同，承包荒地15亩，期限自1996年至2015年，共交承包费4500元。1997年，J公司建厂投产后，由于J公司处理污物的配套设备没跟上，造成了邻近部分土地污染。1998年，在区环保局的主持下，J公司与村委会就土地污染问题达成赔偿协议，J公司一次性补偿村委会因污染造成的直接经济损失和污染现场清理费等费用共计10万元。该协议还要求J公司采取得力措施，加强管理，避免类似事情的发生，确保厂区周围的环境不再遭受污染。此次赔偿过程中，齐某获得了5000元的赔偿。1998年，齐某向区环保局提出申请，要求J公司赔偿污染损失，该局现场勘验后作出回复，认为J公司对齐某构成污染侵害的证据不足，不符合立案条件，决定不予受理。齐某收到该回复后，于1999年以同样的理由诉至市人民法院。市人民法院首先委托区农业环境保护监测站对丰收沟内的水进行了鉴定。该监测站出具了有关数据。区农业环境保护监测站做出的调查报告结论是：1. 这样的水质条件农作物不能生长，鱼类不能存活，土地逐步盐化荒芜，树木枯萎死亡。2. 受污情况：鱼塘20亩，鱼死亡、塘干枯，沟渠7.7亩，污水横溢，水生物死亡，麦田15亩，全部绝收，棉田20亩，缺水无法播种，枣树800株，大部分已死亡，柳树200株，半死不活。J公司厂区生产、生活垃圾占地15亩之多。3. 直接经济损失38800元。4. 治理费需16620元。共需赔偿55420元，其中间接损失和长远利益损失无法估量。1999年区环境保护局受市人民法院司法技术科委托对该地块作出鉴定报告，其中第三条是：东关、东街两村受到J公司固体废物污染的土地、沟渠、鱼塘，J公司已经作过合理补偿，该土地、沟渠、鱼塘要恢复原有功能，从环境学方面讲，需要一个恢复期限。在这个期限内，污染物浓度经监测可能还要超标，与未经污染的土地相比，农业收成也有损失，但所有这些均构不成再次污染。对齐某的所谓污染赔偿请求，J公司应不予赔偿。

案例12：S冶炼厂有害废渣非法处置案

【案情简介】

1992年5月，J市化工局以其劳动服务公司的名义在F河市建立了J市化工局劳动服务公司驻F河办事处。由当时化工局纪委书记王某担任主任。1992年8月S冶炼厂环保处处长高某应J市化工三厂之邀，从F河出境旅游，在该办事处居住其间，高某曾到办事处谈过让办事处处理本厂工业废渣事宜，由冶炼厂支付处理费，办事处给返一定回扣款。1992年9月，双方联系后，办事处工作人员姜某携办事处公章和主任王某的名章去沈阳。在高某家，S冶炼厂环保处副处长刘某与其签订协议书，协议内容为：S冶炼厂负责（1）将废渣包装、托运至乙方指定的火车站并负责本过程的全部费用；（2）发出废渣每吨付给350元转运、深埋费。办事处负责（1）由其指定的火车站将废渣转运至深埋地点并进行深埋的一切工作和由此而产生的全部费用；（2）负责办理废渣深埋地所需的一切行政手续；（3）负责转运、深埋过程和日后发生的一切后果。姜某在协议书上盖章后，离开沈阳返回。此时，J市化工局局务会议讨论决定撤销王某负责的办事处，由其在F河处理善后工作。姜某从沈阳返回后，在F河找到梨树区中南村农民毛某，双方约定，由毛某负责找废井口，将沈阳发往梨树的工业废渣埋掉。

随后，S冶炼厂将258吨砷钙渣发往F河，毛某提货后，雇车倾倒。此后，S冶炼厂又发出一批废汞触煤，毛某以同样的方式提货后，雇车倾倒。经查，毛某两次将废渣倾倒在J市梨树区所辖的麻梨公路七公里处、麻梨公路二道沟处、梨树区垃圾处理场及梨树白酒厂院外四处，被群众发现后举报。环保、公安等部门调查后，确认这起环境污染案件是S冶炼厂非法将有毒工业废物以协议形式转移至J市梨树区，由办事处雇佣毛某随意倾倒所致。对此公安机关对办事处王某予以治安处罚，并没收非法所得。对此次污染的处理和治理问题，J市环保局委托黑龙江省环境监测中心站和黑龙江省环境保护科研所对该起污染事件进行调查及环境影响评价。

上述部门经实地勘察、取样、监测等，评估出环境污染的损害结果，该污染事件导致土壤污染58800立方米，并对河西村500名村民带来健康威胁，需要进行10年的健康监测。并且，需要对四个废渣堆放场地进行10年的水质监测。共导致经济损害及后续费用357万元。

七 破坏自然资源

所谓的破坏自然资源，是指由于人类的不合理开发、利用行为，造成森林、草原、野生动物、野生植物、矿产资源等自然资源数量和质量的降低，从而威胁到自然资源的有效利用和可持续利用的效率，并导致生态环境发生恶化。

破坏自然资源的行为可以分为：（1）乱砍滥伐、乱捕滥猎。在经济利益的驱动下，很多地区不顾生态的良性循环和承载能力，盲目甚至粗暴地进行采挖、捕猎，不合理的开发利用方式和强度，对许多动植物资源造成不可逆转的影响。据估计，世界平均每天有一个物种消失，人为因素造成的物种灭绝速度是自然灭绝速度的 1000 倍。近 2000 年来，已知有 139 种鸟类、110 种哺乳动物灭绝了，其中近 1/3 的物种是在近几十年中消失的。还有 600 多种大型动物面临灭绝的危险。（2）过度放牧、过度开采。过度放牧是草原生态系统退化的主要原因。草原生态系统中，草作为生产者，为草原上动物的存活提供了物质和能量基础，也为草原生态系统的生存与发展提供了前提条件。而人类只顾眼前的利益，只求畜牧业的发展，不管草场的承载力，致使草的利用速度大大超过了更新速度，草原生态系统渐渐地衰弱、瓦解，变成了荒漠、沙地。而过度开采矿藏资源，不仅会造成矿藏资源的浪费，还会在采矿、挖矿的过程中，造成植被的破坏、地质结构的改变，从而引发泥石流、地陷等自然灾害。

★典型案例

案例 13：G 木材有限公司及杨某、钦某滥伐林木案

【案情简介】

1999 年 4 月，贡山 G 木材有限公司成立。7 月该公司办理了 4000 立方米云杉、冷杉、铁杉商品材和 200 立方米冬瓜木商品材的采伐许可证，两证由公司员工廖某签领回公司。9 月，廖某被公司任命为副总经理，分管公司丹朱箐林区的采伐、生产、林区管理和总经理安排的其他工作。当日，公司的法定代表人董某还分别与杨某、钦某签订了《木材采、运承包合同书》。

1999 年 9 月中旬，杨某、钦某相继组织民工 130 余人进驻批准采伐的地点丹朱箐国有林区 57、58 号林班，采用油锯倒桩、机械索道集材、吊车装卸的方式大规模地对原始林进行采伐。10 月初，杨某、钦某得知主伐区倒桩伐树已达批准采伐的指标数，两人即向公司反映了该情况，董某仍要求两人的采伐队继续采伐。10 月 11 日，贡山 G 木材有限公司向贡山县林业局申请追加商品材采伐指标，但未获批准。在此情况下，董某、廖某、杨某和钦某仍未停止采伐。10 月 18

日,贡山县人民政府下发了《关于停止林区木材采伐的紧急通知》,10月26日,贡山县林业局转发了该通知后,董某才通知采伐队停止采伐。此外,贡山G木材有限公司还修建了通往丹朱箐国有林区的公路十余公里,路上及路边被采伐的林木其中一部分用于做道路的木挡墙。

经云南省林业调查规划设计院鉴定,此次在丹朱箐国有林区57、58号林班内共采伐银杉、铁杉、冷杉和杂木7623株,林木蓄积为34338.626立方米,减去批准的原木材积4200立方米折合的林木蓄积数6114.286立方米,实际超采林木蓄积28224.34立方米。

案例14:黄某非法采矿案

【案情简介】

2011年10月中旬至2011年11月期间,黄某为获取非法利益伙同他人违反《矿产资源法》的规定,未取得采矿许可证擅自在贵州市白云区某村镇"三台土"处使用手工和简易设备作业方式,并在未采取任何安全措施的情况下自行非法开采煤矿。宋某兄弟两人负责白天晚上开卷扬机,李某负责白天安检,黄某负责晚上安检,其余人负责挖煤。出煤前每挖一米付100元工资,出煤后每竹筐付35元,负责操作卷扬机和安检的工人每天100元工资。2011年11月23日,文某等三人进入煤洞采煤时,煤洞发生塌方,致使万某窒息死亡。因而,被警方发现黄某等人的非法采矿行为。经查,黄某组织他人非法采出的煤炭量为47.26吨,造成不能开发利用的矿产资源量为236.30吨,矿产资源破坏价值为人民币141780元。

矿产资源属于国家所有,对于矿产资源的开发、利用必须经申请取得探矿权和采矿权,且在开采矿产资源的生产、作业中应当遵守国家劳动安全卫生规定,具备保障安全生产的必要条件。而黄某无视法律及相关行政法规的规定,未依法取得采矿许可证,亦未具备开采煤矿生产所需的安全保障条件和措施,即雇佣他人非法开采国家煤矿资源,造成了自然资源的破坏与浪费。

第二章

环境法——环境执法的基本依据

第一节 环境法概述

无论从发达国家的发展历史还是从发展中国家的发展现状来看，经济的发展往往不同程度地伴随着环境破坏的代价。我国在工业化和城镇化过程中也同样面临着严峻的环境形势。

2013年，雾霾一次次拉响了大气污染防治的警报。华北地区、华中地区、长三角地区、珠三角地区空气中PM 2.5值屡屡达到中重度污染，甚至一度爆表。雾霾天气时间之长、面积之大、浓度之高（最高达$1000mg/m^3$）、受害人数之多（近6亿人口），是中国环境史上之最。

此外，与老百姓生活息息相关的水环境问题也备受关注。水环境问题包括水资源匮乏和水污染。以水污染为例，全国年缺水总量约为300亿—400亿立方米，每年因缺水造成的直接经济损失达2000亿元。[①] 此外，全国七大水系中约26%是五类和劣五类水，9大湖泊中有7个是五类和劣五类水。[②] 全国118个城市连续监测数据显示，约64%的城市地下水遭受严重污染，33%的地下水受到轻度污染，基本清洁的地下水只有3%。[③]

再次是土壤环境问题。2006年的有关监测和调查数据显示，全国受污染的耕地约有1.5亿亩，污水灌溉污染耕地3250万亩，固体

[①] 任雪松：《探讨我国的水资源短缺问题》，《科技创新与应用》2012年第28期。

[②] 赵桂廷、赵倩、杨欣：《我国水污染概况及解决措施》，《现代农业科技》2011年第12期。

[③] 谷晴：《深井排污 法律还没准备好》，法制网（http://www.legaldaily.com.cn/commentary/content/2013 - 02/20/content_ 4211134. htm? node = 34251）。

废弃物堆存占地和毁田200万亩，合计约占耕地总面积1/10以上。①2013年12月30日，国土资源部和国家统计局相关负责人介绍第二次全国土地调查主要数据成果。发布会宣布，目前，全国中重度污染耕地大体在5000万亩。

还有固体废物污染环境问题。以垃圾污染现状为例，目前，中国约有2/3的城市陷入垃圾围城的困境。②全国年产出1.5亿吨城市垃圾，垃圾增长率达10%以上。③

除环境污染以外，自然资源问题亦不乐观。我国自然资源的禀赋较差。由于人口众多，我国的人均资源量明显低于世界平均水平。以水资源为例，我国人均水资源占有量仅为世界平均水平的1/4。而大多数矿产资源的人均占有量不到世界平均水平的一半。且自然资源的空间分布不均衡，资源分布与经济区域结构不匹配，部分地区自然资源的缺口日趋增大。

一方面是资源匮乏，而另一方面，长期沿用的以追求增长速度、大量消耗资源为特征的粗放型经济增长模式造成了自然资源的过度开发和资源浪费，使我国的自然资源现状雪上加霜。2012年，我国能源消费量为36.2亿吨标准煤，成为世界上第一大能源消费国。与国际先进水平相比，我国2012年万元GDP能耗是世界平均水平的1.8倍，是美国的2.2倍，欧盟的3.1倍，日本的3.8倍。④我国262个资源型城市中，已有67个被划定为资源枯竭型城市，⑤它们的未来发展令人担忧。

2007年，中国共产党十七大报告首次提出了建设生态文明的问

---

① 《我国投入10亿元调查土壤污染 目前全国受污染耕地约1.5亿亩》，中华人民共和国国土资源部网（http：//www.mlr.gov.cn/xwdt/jrxw/200607/t20060720_645304.htm）。
② 蒋高明：《垃圾围城》，《环境与生活》2011年第7期。
③ 《城市垃圾年产1.5亿吨 垃圾增长率达10%以上》，人民网（http：//www.022net.com/2009/8-21/512143312918622.html）。
④ 史立山：《转变能源发展思路势在必行》，《中国能源报》2013年12月9日第1版。
⑤ 根据2013年11月12日国务院发布的《全国资源型城市可持续发展规划（2013—2020）》，全国有262个城市被划为资源型城市。其中，成长型城市31个，成熟型城市141个，衰退型城市67个，再生型城市23个。

题。报告指出:"建设生态文明、基本形成节约能源资源和保护生态环境的产业结构、增长方式、消费模式。循环经济形成较大规模,可再生能源比重显著上升。主要污染物排放得到有效控制,生态环境明显改善,生态文明观在全社会牢固树立。"2012年,党的十八大报告再提生态文明建设。报告认为:"建设生态文明,是关系到人民福祉、关乎民族未来的长远大计。面对资源约束趋紧、环境污染严重、生态系统退化的严重形势,必须树立尊重自然、顺应自然、保护自然的生态文明理念,把生态文明建设放在突出地位,融入经济建设、政治建设、文化建设、社会建设各方面和全过程,努力建设美丽中国,实现中华民族永续发展。"2013年11月,党的十八届三中全会通过的《中共中央关于全面深化改革若干重大问题的决定》(以下简称《决定》)则明确提出加快生态文明制度建设。《决定》要求:"建设生态文明,必须建立系统完整的生态文明制度体系,实行最严格的源头保护制度、损害赔偿制度、责任追究制度,完善环境治理和生态修复制度,用制度保护生态环境。"

环境保护早已是我国的基本国策。现在,生态文明建设又被上升到国家战略的高度。要解决环境问题,环境法治任重而道远。在新的背景下,环境保护和生态文明建设的要求对包括立法、执法和司法在内的整个法治运行过程提出了新的挑战。不同的文明形态需要不同的法律制度作支撑。在人类向生态文明时代迈进的今天,生态文明作为以环境保护为主要内容的文明形态,将对环境法治产生深刻影响。反过来,环境法治又是生态文明的法律确认过程。面对当代日益严峻的环境危机,加强环境法治建设是利用法治推动环境拐点到来的必然安排。

当前,对于推进生态文明建设,我们只是提出了方向性、指导性的原则、方针、目标和任务,而要把生态文明建设落到实处,则需要具体的、可行的、定型化的生态文明法律制度来做保障。

环境法是环境执法的基本依据,环境法的基本制度是环境执法的主要内容。本部分中,我们将从环境法的概念、作用和立法目的开始介绍,梳理现行的环境法律、法规,并配合案例简要介绍我国环境法的基本制度，让执法者初步认识我国的环境法概况。

一　环境法的基本概念

环境法是规范人们在开发利用自然资源，防治环境污染和管理环境的活动中产生的社会关系的法律规范的总称。其目的是通过规范人的环境行为，协调人的生产和生活活动与保护自然环境之间的关系，保护经济社会可持续发展的资源和环境支撑能力。

环境法的称谓在各国有所不同。在欧洲，由于环境立法主要是从控制污染的立法中发展而来的，所以大部分称为《污染控制法》。近年来，欧洲各个国家开始关注气候变化和能源问题，关于温室气体排放控制和新能源利用的法律法规在环境法中的比重不断增加。在日本，随着环境立法理念从控制公害向全面的环境质量管理的转变，环境保护"基本法"在称谓上也从《公害法》发展为《环境基本政策法》。在苏联、东欧等国家，由于环境立法主要是从对自然的法律保护的基础上建立起来的，所以大部分称为《自然保护法》。在美国，环境立法涉及公法、私法领域，与环境管理和污染防治均相关，统称为"环境政策法"。我国的环境法是在治理"三废"的基础上发展而来的，称为环境法，但在学术上也存在不同的定义，如环境与资源保护法、环境保护法、生态法等。

对环境法概念的理解应注意以下两个方面：

第一，环境法律法规的范畴不仅包括以"环境法"或与环境保护相关的法律法规为名称的立法，还包括其他法律部门中同环境与资源保护相关的法律规范，例如《中华人民共和国侵权责任法》第八章关于环境污染责任的规定，再如《中华人民共和国刑法》第六章第六节关于破坏环境资源保护罪的规定，以及2013年6月18日最高人民法院、最高人民检察院发布的《最高人民法院、最高人民检察院关于办理环境污染刑事案件适用法律若干问题的解释》、2014年7月3日最高人民法院发布的《最高人民法院关于全面加强环境资源审判工作为推进生态文明建设提供有力司法保障的意见》等。

第二，环境法所要控制的是人为原因导致的环境污染和自然破坏，对由于自然灾害导致环境破坏而实施的人为法律救济的规范一般不属于环境法的范畴。

二 环境法的特征

环境法是法律的一个部门，它具有法的一般属性。环境法又是一个特殊的法律部门，有许多不同于传统法律的特点。① 环境法最大的特征在于它具有综合性和科技性。

首先，环境法具有综合性，这是由它广泛的保护对象和多元的保护手段决定的。《中华人民共和国环境保护法》第 2 条规定：本法所称环境，是指影响人类生存和发展的各种天然和经过人工改造的自然因素的总体，包括大气，水，海洋，土地，矿藏，森林，草原，野生动物，自然遗迹，人文遗迹，自然保护区，风景名胜区，城市和乡村等。环境法的保护对象包括自然环境、人为环境，甚至扩展到地球生物圈和太空空间。环境法的保护对象从时空上比任何一个法律部门都要广泛，从而决定了它所调整的社会关系的广泛性。环境法调整的社会关系涵盖了经济、社会和生态等多个领域，涉及的主体包括自然人、法人、社会组织和机构，甚至包括国家、整个人类和尚未出生的后代人。因此，环境法是上述法律规范组成的规范群，是一个综合性很强的法律部门。

其次，环境法的法律规范具有科技性。环境保护通过调整人与人之间的社会关系，从而影响人与自然的关系。因此，环境保护必须以自然科学所掌握的自然规律为基础，环境法是对自然规律的法律确认。从形式上看，环境法律规范也包含了大量的技术规范和标准。

最后，从立法模式的角度，环境法还往往具有政策法和规划法的特征，体现出较强的社会性和公共性。环境问题往往涉及社会生活的方方面面，环境问题的解决切忌"头痛医头，脚痛医脚"，而应该从宏观的角度寻求解决之道。这就决定了环境法律规范应当具有整体性和前瞻性，从而表现出政策法和规划法的特征。此外，环境法的环境

---

① 金瑞林主编：《环境法学》，北京大学出版社 1999 年版，第 32 页。

保护目标反映了全体社会成员的基本利益和共同愿望，因此，环境法的制定和实施应当充分体现公众意志，在程序上保障公众参与。

三 环境法的目的和价值

环境法的目的指环境法立法目的，或者说是立法者在制定环境法律时的目的，即立法者希望其所制定的环境法律所达到的目的或实现的结果。[①] 环境法的价值则是透过环境法目的体现的利益选择。

《中华人民共和国环境保护法》第 1 条规定："为保护和改善环境，防治污染和其他公害，保障公众健康，促进经济社会可持续发展，制定本法。"我们可以从本项规定中总结出我国环境法的三个直接目的：（1）保护和改善环境，防治污染和其他公害；（2）保障公众健康；（3）促进经济社会可持续发展。不难看出，目前，我国环境法坚持的是"目的二元论"。所谓"目的二元论"，是指环境法立法目的有两个，一个是保护环境，一个是促进经济发展。环境法"目的二元论"反映的是环境法的协调发展原则。而关于环境法的两个目的哪个优先，则关系到环境法立法价值的定位问题。

概括和分析世界各国环境法关于立法目的的规定，多数国家还是主张环境法"目的二元论"，但环境法的目的也随着环境的变迁和立法价值的选择而变化。以日本为例，日本最初的 1967 年《公害对策基本法》第 1 条规定的立法目的是"保护国民健康和维护生活环境"，并规定"关于前款所规定的维护生活环境的目的应与经济健全发展相协调"。但在该法实施的 3 年后，在对该法进行修订时，日本国会又确立了"环境优先"的原则。

从法律规范上看，我国的环境立法没有就环境保护与经济发展哪个优先这个问题进行回应。但从改革开放以来的实践上看，我国环境法的实施基本坚持的是以环境保护适应经济发展，即经济发展优先的理念。2014 年 4 月 24 日，十二届全国人大常委会第八次会议审议通过了《中华人民共和国环境保护法修订草案》。新环保法将于 2015 年

[①] 蔡守秋主编：《新编环境资源法学》，北京师范大学出版社 2010 年版，第 38 页。

1月1日起正式实施。这是25年来我国《环境保护法》的首次修改，从"修正"到"修订"经过4次审议。新环保法力图对历史上长期积压的环境议题和公众亟待满足的环境需求予以最大限度的回应。诸如生态文明理念、明确生态保护红线、扩大公益诉讼主体范围、加重行政监管部门责任、加大环境违法责任等备受关注的"热点"均成为草案审议的重点和修订案的亮点。①

四 环境法与环境执法

执法又称行政执法，是法律事实的重要组成部分和表现形式之一。② 环境执法是指国家行政机关将环境法律规范适用于具体的法律主体的过程。本书第三章将会对环境执法的概念、主体、程序等内容作具体阐述。

环境法与环境执法的关系可以概括为：

第一，环境执法是环境法实施的必要和重要阶段。法律的实施包括执法、司法和守法的全过程，三者缺一不可。

第二，环境法是环境执法的基本依据。环境管理是国家的一项基本职能，环境法是国家进行环境管理的基本依据，而环境执法是国家实施环境管理最直接、最有效的手段。环境执法必须在环境法的框架内进行，即依法执法。

第二节 现行环境法律法规

一 我国环境法的立法体系

环境法立法体系，是指全部现行的规范性环境法律文件构成的，具有法律效力等级联系的有机统一体。立法体系是主观的，取决于立

---

① 王树义、周迪：《回归城乡正义：新〈环境保护法〉加强对农村环境的保护》，《环境保护》2014年第3期。

② 周珂主编：《环境与资源保护法》，中国人民大学出版社2007年版，第199页。

法者的主观意志。环境立法体系应当尽量满足环境法律体系的客观要求。

参照《中华人民共和国立法法》的相关规定，在我国立法体系中，规范性法律文件的法律效力等级排序为宪法及宪法性法律、法律、行政法规、地方性法规和规章。①

《中华人民共和国宪法》第九条、第十条、第二十二条和第二十六条都分别与环境保护问题相关。2014年4月24日修订通过的《中华人民共和国环境保护法》，替代了已实施二十余年的1989年《中华人民共和国环境保护法》，是我国环境保护领域的"基本法"。此外，一系列环境保护专项立法和行政法规构成了我国现行环境立法体系的主体，环境保护地方性法规和规章则起到了补充和细化相关法律法规的作用。简要起见，在此仅对宪法、现行环境法律和环境保护行政法规作梳理。

二 宪法中关于环境保护的主要规定

《中华人民共和国宪法》中对环境保护有以下一些规定（见表1）：

表1　　　　　　宪法中关于环境保护的主要规定

第九条	矿藏、水流、森林、山岭、草原、荒地、滩涂等自然资源，都属于国家所有，即全民所有；由法律规定属于集体所有的森林和山岭、草原、荒地、滩涂除外。 　　国家保障自然资源的合理利用，保护珍贵的动物和植物。禁止任何组织或者个人用任何手段侵占或者破坏自然资源。
第十条	城市的土地属于国家所有。 　　农村和城市郊区的土地，除由法律规定属于国家所有的以外，属于集体所有；宅基地和自留地、自留山，也属于集体所有。 　　国家为了公共利益的需要，可以依照法律规定对土地实行征收或者征用并给予补偿。 　　任何组织或者个人不得侵占、买卖或者以其他形式非法转让土地。土地的使用权可以依照法律的规定转让。 　　一切使用土地的组织和个人必须合理地利用土地。

---

① 王树义等：《环境法基本理论研究》，科学出版社2012年版，第87页。

续表

第二十二条	国家发展为人民服务、为社会主义服务的文学艺术事业、新闻广播电视事业、出版发行事业、图书馆博物馆文化馆和其他文化事业，开展群众性的文化活动。 国家保护名胜古迹、珍贵文物和其他重要历史文化遗产。
第二十六条	国家保护和改善生活环境和生态环境，防治污染和其他公害。 国家组织和鼓励植树造林，保护林木。

三 环境保护相关法律和法规

我国自 20 世纪 70 年代末开始建立环境保护法体系，基本上涵盖了自然资源保护和环境污染防治的各方面，具体立法情况如下（见表2、表3）：

表2　　　　　　　　　　　环境保护相关法律

基本法	《中华人民共和国环境保护法》
污染防治类	《中华人民共和国水污染防治法》 《中华人民共和国固体废物污染环境防治法》 《中华人民共和国放射性污染防治法》 《中华人民共和国大气污染防治法》 《中华人民共和国环境噪声污染防治法》 《中华人民共和国海洋环境保护法》
资源利用和保护类	《中华人民共和国节约能源法》 《中华人民共和国可再生能源法》 《中华人民共和国水法》 《中华人民共和国草原法》 《中华人民共和国森林法》 《中华人民共和国土地管理法》 《中华人民共和国矿产资源法》 《中华人民共和国野生动物保护法》 《中华人民共和国渔业法》 《中华人民共和国海域使用管理法》 《中华人民共和国煤炭法》
生态保护类	《中华人民共和国防沙治沙法》 《中华人民共和国海岛保护法》 《中华人民共和国水土保持法》 《中华人民共和国野生动物保护法》
综合管理类	《中华人民共和国清洁生产促进法》 《中华人民共和国循环经济促进法》 《中华人民共和国环境影响评价法》 《中华人民共和国城乡规划法》

表 3　　　　　　　　　　环境保护相关行政法规

类别	法规名称
污染防治类	《防治船舶污染海洋环境管理条例》 《废弃电器电子产品回收处理管理条例》 《危险化学品安全管理条例》 《放射性废物安全管理条例》 《民用核安全设备监督管理条例》 《中华人民共和国水污染防治法实施细则》 《危险废物经营许可证管理办法》 《医疗废物管理条例》 《防治拆船污染环境管理条例》 《中华人民共和国防治海岸工程建设项目污染损害海洋环境管理条例》 《中华人民共和国防治陆源污染物污染损害海洋环境管理条例》 《中华人民共和国海洋倾废管理条例》 《中华人民共和国海洋石油勘探开发环境保护管理条例》 《全国污染源普查条例》 《排污费征收使用管理条例》 《放射性同位素与射线装置安全和防护条例》 《淮河流域水污染防治暂行条例》
资源利用和保护类	《中华人民共和国濒危野生动植物进出口管理条例》 《取水许可和水资源费征收管理条例》 《中华人民共和国森林法实施条例》 《中华人民共和国土地管理法实施条例》 《中华人民共和国野生动植物保护条例》 《中华人民共和国矿产资源法实施细则》 《民用建筑节能条例》 《探矿权采矿权转让管理办法》 《中华人民共和国进出境动植物检疫法实施条例》 《公共机构节能条例》 《矿产资源勘查区块登记管理办法》 《矿产资源开采登记管理办法》
生态保护类	《黄河水量调度条例》 《退耕还林条例》 《中华人民共和国水土保持法实施条例》 《消耗臭氧层物质管理条例》 《水文条例》
综合管理类	《规划环境影响评价条例》 《环境标准管理办法》 《建设项目环境管理条例》 《风景名胜区条例》 《中华人民共和国自然保护区条例》 《村庄和集镇规划建设管理条例》 《城市市容和环境卫生管理条例》 《城市绿化条例》

第三节　我国环境法的基本制度

2008 年，环保部部长周生贤在中国发展高层论坛上指出，未来一段时间是经济社会发展的重要机遇期,也是资源环境矛盾的凸显期,如果不能处理好环境与发展的关系,国家环境安全将受到威胁。因此,他强调,必须实行最严格的环境保护制度。十八届三中全会的决定指出,要实行最严格的源头保护制度、损害赔偿制度、责任追究制度,完善环境治理和生态修复制度。最严格的环境保护法律制度是近年来为加强环境与资源保护所提出来的一项新举措。

所谓"最严格",是相对于以往的环境保护法律制度而言的。"最严格的环境保护法律制度"的基本内涵应为:为应对环境污染与生态破坏的严峻形势,在资源利用、污染产生、转移和扩散,以及生态环境管理过程中以自然规律为基础,坚持环保优先的原则,在一定的经济社会条件下,严格制定标准,严格保证执行,严格追究责任,最大限度地实现污染持续下降,自然资源利用率持续上升,生态环境持续改善。

最严格的环境保护法律制度是针对我国当前经济社会发展对环境产生严重破坏,已经威胁到人民群众的基本生存和发展的现状而提出来的。在环境危机凸显的今天,环保优先是最严格的环境保护法律制度应当坚持的基本原则。坚持环保优先的原则并不是要求一切经济社会活动都为环保让步,以经济停滞甚至经济退后换取环境保护,而是强调守住生态安全的基础性价值,明确生态红线,在发生突破生态红线的情形之时实行环境保护一票否决。

最严格的环境保护法律制度中"最严格"的标准,应当在充分尊重生态规律的基础上,综合考虑地区因素,经济社会发展水平等因素。另外,最严格的环境保护法律制度应当是有效的制度,既然是"最严格",就要求严格制定、严格监督、严格执行,建立一整套运行机制,并将"最严格"的标准贯穿其中,在各个环节保障制度的运行。

最严格的环境保护法律制度不是指某一项单独的环境保护法律制度,而是由一系列环境保护法律制度组成的制度群。因此,最严格的环境保护法律制度在运行过程中需要按照一定的需求进行分解和落实。从制度的设计上看,最严格的环境保护法律制度应当包括最严格的污染治理制度、最严格的环境质量目标制度、最严格的环境经济政策、最严格的政府目标考核制度、最严格的准入和退出制度、最严格的环境损害责任制度等。具体而言包括:(1)环保优先制度;(2)政府环保目标考核制度;(3)战略环评制度;(4)总量控制制度;(5)区域限批制度;(6)环境税制度;(7)环境污染损害赔偿责任保险制度;(8)生态补偿制度等。

最严格的环境保护法律制度是对生态文明建设的新的回应。最严格的环境保护法律制度将会在未来的环境法治建设中被立法、执法和司法活动所吸纳,从而得到切实的实施。

那么,我国现有的、为法律规范所固定的环境法的基本制度有哪些?要回答这个问题,首先要了解什么是环境法基本制度。

环境法基本制度,是指按照环境法基本理念和基本原则确立的,通过环境立法具体表现的、普遍适用于环境与资源保护各个领域的法律措施和方法的总称。环境法基本制度综合概括了我国环境法律法规的规定,是我国环境管理和环境保护基本制度的法律化和规范化。环境法基本制度决定了环境执法的主要内容。

表4　　　　　　　　　　环境法的基本制度

制度名称	主要法律依据[①]	基本内容
环境规划制度	《中华人民共和国环境保护法》第十三条、第二十条	包括环境资源规划制度、环境保护规划制度和自然资源规划制度。
环境标准制度	《中华人民共和国环境保护法》第十五条、第十六条	强制性环境标准包括国家或地方环境质量标准、国家或地方污染排放标准。
环境影响评价制度	《中华人民共和国环境影响评价法》《环境影响评价公众参与暂行办法》	对规划和建设项目实施后可能造成的环境影响进行分析、预测和评估,提出预防或者减轻不良环境影响的对策和措施,进行跟踪监测。
"三同时"制度	《中华人民共和国环境保护法》第四十一条	建设项目中防治污染的措施,必须与主体工程同时设计、同时施工、同时投产使用。

---

① 由于本书编写过程中,新的《中华人民共和国环境保护法》正式颁布,所以本书在引用条文时皆为2014年新《环境保护法》。但案例分析中由于适用旧法,则仍使用1989年颁布的《环境保护法》的条文。

续表

制度名称	主要法律依据	基本内容
申报许可制度	《中华人民共和国环境保护法》第四十五条 《中华人民共和国大气污染防治法》第十二条、第三十九条 《中华人民共和国水污染防治法》第二十一条	从事对环境有影响的活动,必须向有关管理机关提出申请,经审查批准,发给许可证后方可进行该活动。
环境费制度	《中华人民共和国环境保护法》第四十三条 《中华人民共和国水污染防治法》第二十四条 《中华人民共和国森林法》第十八条 《中华人民共和国水法》第四十八条	国家或其他公法人团体以治理污染和改善环境为目的,依法向环境利用行为人收取的与其行为相对等的金钱。
排污权交易制度	地方试点	在环保部门的监督下,排污者将其依法获得的部分或者全部污染物排放总量通过交易市场或者法定方式出售给购买者,该污染物排放许可的部分或者全部权利也随之转移。
清洁生产制度	《中华人民共和国清洁生产促进法》	将综合预防的环境策略持续地应用于生产过程和产品中,以减少对人类和环境的风险性。
循环经济制度	《中华人民共和国循环经济促进法》	提倡讲经济体系与环境资源紧密结合的生态经济模式。
环境资源信息制度	《中华人民共和国政府信息公开条例》、《环境信息公开办法(试行)》	有关环境资源信息的收集、处理、应用、公开以及管理的主体、方式、程序及其监督与责任等法律规定的总称。
环境监察与环境监测制度	《中华人民共和国环境保护法》第十七条、第二十四条	环境监察机构依照法律规定对管辖范围内的排污单位进行定期现场检查。环境监测机构按照有关技术规范的规定,评价环境质量,编制环境监测报告。
环境行政指导制度	《中华人民共和国清洁生产促进法》第十条、第十一条、第十四条和第十五条 《中华人民共和国循环经济促进法》	环境行政机关就环境利用行为人在生产、经营过程中出现的困难,给予行政上的帮助以及提供相关信息资料和情报的行为。
突然环境事件应急原制度	《中华人民共和国环境保护法》第四十七条、《中华人民共和国突发事件应对法》、《国家突发环境事件应急预案》	为了及时应对突发环境事件,由政府事先编制突发环境事件的应急预案,在发生或者可能发生突发环境事件时,启动该应急预案以最大限度地预防和减少其可能造成的危害。

上述我国环境法的基本制度中,有的侧重规定政府的环境管理义务,例如环境规划制度;有的是典型的环境行政管理制度,例如环境标准制度、环境影响评价制度、环境监察与环境监测制度、"三同时"制度、申报许可制度、环境费制度等;还有一些属于影响和诱导类的法律制度,例如排污权交易制度、清洁生产制度、循环经济制度。下文具体分析。

一 环境规划制度

环境规划制度是指有关调整环境资源规划活动的各种法律规范的总称,是通过立法确立的有关环境资源规划的编制、审批、实施以及监督管理活动的一套规则体系,是环境资源规划工作的制度化和法定化。环境资源规划制度包括环境资源编制、审批、执行、监督、检查等具体的制度。[①] 环境规划是进行环境保护和资源利用的源头,环境规划的科学性和合理性直接影响后续的环境保护和资源利用活动。环境保护规划包括综合性的环境保护规划,例如国家环境保护五年规划;单项的环境保护规划,例如土地利用规划、环境污染控制规划、生态功能区规划等。

制定和实施环境规划是环境行政机构的基本职能之一。《中华人民共和国环境保护法》第十三条规定:"县级以上人民政府应当将环境保护工作纳入国民经济和社会发展规划。国务院环境保护主管部门会同有关部门,根据国民经济和社会发展规划编制国家环境保护规划,报国务院批准并公布实施。县级以上地方人民政府环境保护主管部门会同有关部门,根据国家环境保护规划的要求,编制本行政区的环境保护规划,报同级人民政府批准并公布实施。环境保护规划的内容应当包括生态保护和污染防治的目标、任务、保障措施等,并与主体功能区规划、土地利用总体规划和城乡规划等相衔接。"

---

① 张梓太主编:《环境与资源保护法学》,北京大学出版社2007年版,第148页。

★ 典型案例

案例15：《国家环境保护"十二五"规划》[1][2]

【案情简介】

2011年12月15日，国务院发布了《国家环境保护"十二五"规划》，规划分析了"十一五"过后我国的环境形势，明确了"十二五"期间环境保护工作的指导思想、基本原则和主要目标，并就推进主要污染物减排、解决突出环境问题、加强重点领域环境风险防控、完善环境保护基本公共服务体系、实施重大环保工程、完善政策措施、加强组织领导和评估考核等问题提出具体要求。《国家环境保护"十二五"规划》是在《国民经济和社会发展"十二五"规划》框架下发布的国家环境保护工作的总体指导性规划。

2013年12月25日，全国人大常委会在北京听取审议国务院关于《国民经济和社会发展"十二五"规划纲要》实施中期评估报告。报告特别指出，"十二五"规划主要目标实现程度良好，但全面完成还存在一些挑战，必须加快建立有利于科学发展的体制机制，强力推进节能减排和生态环境保护各项举措。

这份报告指出，经济增长超过预期目标。2011年国内生产总值增长9.3%，2012年增长7.7%，2013年上半年增长7.6%，经济增速高于纲要年均增长7%的预期目标。就业、物价、国际收支等主要宏观调控目标也基本实现。

报告同时指出，受经济增长速度超过预期、产业结构优化升级较慢、能源结构优化调整进展不快、部分企业减排力度不够等原因的影响，能源消费强度、二氧化碳排放强度、能源消费结构、氮氧化物排放量4个节能环保方面的约束性指标实现进度滞后。针对公众普遍关

---

[1] 《国务院关于印发国家环境保护"十二五"规划的通知》（http://www.gov.cn/zwgk/2011-12/20/content_2024895.htm）。

[2] 《"十二五规划"中期评估报告出炉 生态环境保护需加强》，国际在线（http://gb.cri.cn/42071/2013/12/25/7311s4369262.htm）。

注的环境问题，报告坦承，目前中国的环境污染形势严峻。对此，徐绍史说："环境污染呈现污染源多样化、污染范围扩大化、污染影响持久化特征。传统煤烟型大气污染依然严峻的同时，以细颗粒物、臭氧为特征的复合型污染物日益严重。经济增长、人口增加、能源资源消耗和城市扩展对生态环境的压力进一步加大。"

报告显示，按照在1996年环境空气质量标准基础上增设PM 2.5浓度限值和臭氧8小时平均浓度限值，调整PM10、二氧化氮、铅等浓度限值后的新标准，全国有60%左右的城市空气质量不能达标。对此，报告指出，必须坚持以科学发展为主题，以加快转变经济发展方式为主线，加快建立有利于科学发展的体制机制，强力推进节能减排和生态环境保护各项举措。徐绍史说："强化节能环保治理措施。实施最严格的资源节约和生态环境保护制度。强力推进节能降耗。加强突出环境问题治理，加大主要污染物减排力度，对集中显现的大气、水体和土壤污染问题，加大治理和修复力度。完善资源节约和生态环境保护模式，把高耗能、高污染产品纳入消费税征收范围，逐步将资源税征收范围扩展到占用各类自然生态空间，促进生态环境外部成本内部化。"

【案件评析】

"国民经济和社会发展五年规划（计划）"是中国国民经济计划的一部分，主要是对全国重大建设项目、生产力分布和国民经济重要比例关系等作出规划，为国民经济发展远景规定目标和方向。"国家环境保护五年规划"是在"国民经济和社会发展五年规划"的框架下，关于环境保护工作作出的专项规划。2007年之前，"国家环境保护五年规划"只是环保部门的一个部级文件。2007年，"国家环境保护五年规划"第一次以国务院名义发布，更凸显了中央政府对环保工作的重视程度。

虽然相对于"国民经济和社会发展五年规划"而言，"国家环境保护五年规划"只是一项专项规划，但它却是全国环境保护工作的龙头规划，在它的框架内，各省、自治区、直辖市地方政府还会进一步制定地方环境保护规划，如《浙江省环境保护"十二五"规划》；各部门、地方政府的相关部门还会具体制定专项规划,如《沈阳市水环境规划》等。国务院和地方政府制定环境保护综合规划、专项规划是环境保护行政机关履行环境规划职能的体现。

二 环境标准制度

环境标准制度是通过定量的方法判断人类行为是否符合环境要求的客观依据和技术指标,是为了维护环境质量、防治污染、促进环境资源合理利用所制定的具有法律性质的技术规范。环境标准是环境法的重要组成部分,其主要内容是技术要求和各种量值规定,它可以为实施环境法的其他规范提供准确、严格的范围界限;为认定行为的合法与否提供法定的技术依据。环境标准按等级可以分为国家标准、行业标准和地方标准,按内容可以分为环境质量标准和污染物排放标准。

根据《中华人民共和国环境保护法》第十五条和第十六条的规定,国务院环境行政主管部门制定国家环境质量标准和污染物排放标准。制定的程序为:环保部提出编制计划,环保部起草,并由环保部和质监局联合发布。在环境质量标准方面,省、自治区、直辖市人民政府对国家环境标准中未作规定的项目,可以制定地方环境质量标准,须报国务院环保部门备案。在污染物排放标准方面,省、自治区、直辖市人民政府对国家环境标准中未作规定的项目,可以制定地方环境质量标准,需报国务院环保部门备案;对国家环境标准中已作规定的项目,可以制定严于国家标准的地方污染物排放标准,须报国务院环保部门备案。

★典型案例

案例16:H 市环保局对 Y 茶座空调噪声超标进行行政处罚案[①]
【案情简介】
2011年6月,H 市环保局接到某小区居民联名投诉,称小区内新

---

① 冯加清:《空调噪声该不该罚?》,《中国环境报》2013年2月8日第3版。

开张的 Y 茶座空调室外机的噪声影响了他们的正常生活。H 市环保局接到投诉后，立即安排环境监察人员和监测人员到这一小区进行调查和监测。

经监测人员在距 Y 茶座最近的居民楼 1 米前监测，这一点位白天和夜间噪声值分别超标 5.6 分贝和 6.3 分贝。环境监察人员同时了解到，此茶座于 2010 年 10 月开始装修，于 2011 年 2 月开张营业，已办理工商营业执照，但并未履行建设项目环境影响评价审批手续。

H 市环保局环境监察支队立即向 Y 茶座下达了《环境保护违法行为限期改正通知书》，要求 Y 茶座在当年 7 月 15 日前补办茶座经营项目的环境影响评价审批手续。

2011 年 7 月 16 日，H 市环境监察支队执法人员再次对 Y 茶座进行检查时发现，Y 茶座并未依法补办茶座的相关环评手续。H 市环保局于 2011 年 7 月 20 日向 Y 茶座下达了《行政处罚事先告知书》和《行政处罚听证告知书》，拟给予 Y 茶座罚款 5 万元和责令停止营业的行政处罚。

Y 茶座于同年 7 月 25 日向 H 市环保局提交了听证申请。

H 市环保局 2011 年 8 月 10 日召开了听证会。Y 茶座法定代表人和代理律师在听证会上提出了 3 条应免除行政处罚的理由：一是此茶座是下岗职工创办的企业，理应享受政策照顾。二是此茶座已在茶座和居民楼之间栽种了竹子，减轻了噪声污染。三是 H 市有的茶楼也未办理相关环评审批手续，并未受到 H 市环保局的行政处罚。

H 市环保局案件调查人员对 Y 茶座提出的 3 条理由进行了解释，并出示了相关调查证据。案件调查人员认为：

Y 茶座未依法履行建设项目环评手续即开张营业，违反了环评制度和环保"三同时"制度。H 市环保局环境监察支队已依法责令限期改正，但 Y 茶座逾期拒不改正，已违反了《中华人民共和国环境影响评价法》和《建设项目环境保护管理条例》之规定，故依法给予其行政处罚符合法律、法规的规定。

下岗职工开办的企业也不能违反法律，更不能污染影响他人。虽然在茶座和居民楼之间栽种了竹子，但有监测数据表明 Y 茶座空调室外机的噪声昼间和夜间均超过了国家规定的排放限值,周边居民也有投诉。而且,H市环保局环境监察支队已向Y茶座下达了《环境保护违法行为限期改正通知书》,但Y茶座拒不改正违法行为,故依法应给予行政处罚。

H市有的茶楼未办理相关环评手续,未受到H市环保局的行政处罚,并不是Y茶座可以免除行政处罚的法定理由。

H市环保局听证会主持人在听证完毕后,认定Y茶座申请免除行政处罚的理由不能成立,并向H市环保局案件审查委员会提交了支持给予Y茶座行政处罚的建议。H市环保局于2011年9月3日,做出了对Y茶座罚款5万元和责令停止营业的行政处罚决定。

【案件评析】

本案有如下问题值得关注:

1. 判断Y茶座行为违法的法律依据。

《中华人民共和国环境噪声污染防治法》第四十三条规定:"建营业性文化娱乐场所的边界噪声必须符合国家规定的环境噪声排放标准;不符合国家规定的环境噪声排放标准的,文化行政主管部门不得核发文化经营许可证,工商行政管理部门不得核发营业执照。经营中的文化娱乐场所,其经营管理者必须采取有效措施,使其边界噪声不超过国家规定的环境噪声排放标准。"原国家环境保护总局《关于加强社会生活噪声污染管理的通知》第二条规定:"居民区内有噪声排放的单位,必须采取相应的降噪措施,不得超过国家规定的噪声排放标准,并严格限制夜间工作时间;在经营活动中使用空调器、冷却塔等可能产生环境噪声的设备、设施的单位应采取措施,使其场所边界噪声不超过国家环境噪声排放标准。"

2. 环境噪声超标是判断H市环保局对Y茶座进行行政处罚的法律依据。

《中华人民共和国环境噪声污染防治法》第二条第二款规定:"本法所称环境噪声污染,是指所产生的环境噪声超过国家规定的环境噪声排放标准,并干扰他人正常生活、工作和学习的现象。"因此,一个单位的厂界(边界)噪声是否造成环境噪声污染,必须是其厂界（边界）噪声超过所在区域的环境噪声排放标准，并干扰他人正常生活、工作和学习。根据H市环保局的监测数据，Y茶座设立在居民住宅小区旁边，其空调室外机产生的噪声昼间和夜间均超过了国家规定的排放标准，并影响了小区居民的正常生活，小区居民有投诉，因此Y茶座的空调室外机已造成了环境噪声污染。故H市环保局基于Y茶座环境噪声超标和扰民，对其作出的罚款5万元和责令停止营业的行政处罚是合法的。

案例17：刘某要求撤销璧山县环境保护局行政处罚具体行政行为案
【案情简介】

刘某是重庆市璧山县河边镇铁石村的村民，2003年，刘某在璧山县璧城新堰村4社兴办的养鸭场建成并投入养殖。2010年5月12日，璧山县环保局对原告的养鸭场进行检查时发现，刘某经营的养鸭场部分养殖污水流经耕地排水沟后直接外排。璧山县环境监测站监测人员当即对养鸭场外排养殖污水进行现场采样。2010年7月28日，璧山县环保局再次对养殖场的环境污染状况进行了调查核实，并初步认定刘某的养鸭场排放的养殖污水未作无害化处理，化学需氧量排放浓度超标11.5倍，总磷排放浓度超标10.7倍，氨氮排放浓度超标0.3倍，违反了《重庆市长江三峡库区流域水污染防治条例》第四十六条第二款的规定。璧山县环保局随即对刘某留置送达了《行政处罚告知书》、《行政处罚听证告知书》，就其违法事实、处罚依据、拟作出的行政处罚等进行了告知。2010年7月30日，刘某提出了听证申请，璧山县环保局就其违法事实及证据等事项组织了公开听证。2010年8月10日，璧山县环保局对刘某作出了璧环罚字 [2010] 50号《行政处罚决定书》。认定刘某养鸭场排放的养殖污水污染物严重超标，且情节严重。对其处以罚款人民币八万元的行政处罚，并责令改正违法行为。刘某对璧山县环保局作出的行政处罚不服，向重庆市璧山县人民法院提起诉讼，请求判决撤销被告作出的璧环罚字 [2010] 50号《行政处罚决定书》的具体行政行为。

案件于2010年8月25日开庭审理。原告向法院提交了其兴办养鸭场的《荣誉证书》和《农业产业结构调整报批表》，以及证明其养殖场产生的污染物进行过无害化处理和综合利用且不存在排污超标事实的照片、证明材料和询问笔录。被告向法庭提交了2010年5月12日现场检查的视听资料、现场检查照片，被告2010年7月28日的调查询问笔录、璧山县环境监测站《监测报告》、《璧山县环境保护局行政处罚告知书》、《璧山县环境保护局行政处罚听证告知书》、《听证申请书》、《璧山县环境保护局行政处罚听证通知书》及《送达回执》、听证会记录、听证会情况报告、璧环罚字［2010］50号《行政处罚书》及《送达回执》、《质量认证证书》、《环境违法行为立案登记表》、《调查终结处理建议送审表》等证据。

法院经过审理归纳出案件的讼争焦点：（1）璧山县环境监测站出具的《监测报告》是否合法有效。（2）原告养殖规模是否适用《禽畜养殖物排放标准》。（3）被告对原告作出的行政处罚是否体现了行政处罚适度原则。

（1）关于璧山县环境监测站出具的《监测报告》是否合法有效，法院认为，被告提交的视听资料、现场照片和询问笔录等客观反映了原告养殖场的环境污染状况，璧山县环境监测站是具有资质的环境监测机构，监测程序符合相关技术规范，监测结果合法有效。原告未能提出证据证明《监测报告》不合法。（2）关于原告养殖规模是否适用《禽畜养殖物排放标准》，法院认为《禽畜养殖物排放标准》是国家对畜禽养殖行业排放高污染物所规定的强制性标准，该标准对畜禽养殖行业均适用。（3）关于被告对原告作出的行政处罚是否体现了行政处罚适度原则，法院认为，原告排放的养殖污水污染物浓度严重超标，违法情节严重，被告给予原告罚款人民币八万元的行政处罚未显失公正。

综上，法院判决维持被告璧山县环境保护局对原告刘某作出的璧环罚字［2010］50号《行政处罚决定书》的具体行政行为。

【案件评析】

本案是一起针对污染物排放超标引发的环境行政处罚的典型案例。从案件的审判法院归纳的原被告双方讼争焦点可以看出，环境保

护行政机关在以污染物排放超标为由作出行政处罚时应注意以下几点:

1. 是否有客观真实的事实依据?

判断主体的排污行为是否超标,首先要由具有资质的监测机关,按照法定程序进行客观监测,得到真实的监测结果,并保留相关的视听资料、照片、调查询问笔录等材料。

2. 是否有充足的法律依据?

本案中,原被告双方就原告养鸭场污染物排放应当适用的环境标准进行了争辩。被告判断原告养鸭场污染物排放超标的参照标准是《畜禽养殖物排放标准》,该标准是一项国家标准,且是一项行业标准,适用于全国范围内所有的畜禽养殖活动。因此,被告所参照的环境标准是合法的。

3. 行政处罚适度原则。

行政处罚适度原则是行政法上适当性原则在行政处罚上的具体化。在行政法上,合法性原则与合理性原则相辅相成,紧密相连。合法性原则要求的是合法,适当性原则要求的是客观、公正和适度。只有同时遵守这两个原则,既合法又适当,才能产生法律效力,达到预期目的。适度原则又称行政均衡原则,主要是针对行政裁量行为而言的。所谓行政裁量,即赋予行政主体可以选择的权力。但是,行政主体在实施行政裁量时应当全面权衡各种利益关系以作出最佳的选择判断。由适度原则延伸出来的禁止过度原则要求行政权的行使应当尽可能使相对人的损害保持在最小范围内。例如本案中,原告养鸭场的污染物排放行为被认定为违法,应当接受行政处罚。被告作为环境保护行政机关,依法享有对原告作出行政处罚的权力。就具体作出怎样的行政处罚这个问题上,被告有行政裁量权。禁止过度原则要求在进行行政处罚时,如果只需要对相对人处以某项处罚(例如罚款)即可以达到制裁和防止其违法的效果时,行政机关不得施以其他影响更大的行政处罚措施,即不可"小题大做"、"大炮打麻雀"。[1] 本案中,

---

[1] 周佑勇:《行政法原论》第 2 版,中国方正出版社 2005 年版,第 74 页。

原告养鸭场的污染物排放严重超标，违法情节严重，被告在综合考虑原告的排污行为、违法程度、经营状况等的基础上作出罚款人民币八万元的行政处罚，是合法合理的。

最后，行政机关在作出行政处罚的具体行政行为时，要特别注意程序上的合法，具体可以参见《中华人民共和国环境行政处罚法》的相关规定。

三 环境影响评价制度

我国的环境影响评价制度包括规划项目的环境影响评价制度和建设项目的环境影响评价制度。其中规划项目的环境影响评价主要指对各级人民政府组织编制的综合性规划和专项规划进行的环境影响评价，而与企业的经济开发活动密切相关的是建设项目的环境影响评价。

国家根据建设项目对环境的影响程度对建设项目实行分类管理，根据《建设项目环境保护管理条例》第七条和第八条的规定，建设项目可以分为对环境可能造成重大影响的项目、对环境可能造成轻度影响的项目和对环境影响很小的项目。

建设项目环境影响报告书应当包括下列内容：（一）建设项目概况；（二）建设项目周围环境现状；（三）建设项目对环境可能造成影响的分析和预测；（四）环境保护措施及其经济、技术论证；（五）环境影响经济损益分析；（六）对建设项目实施环境监测的建议；（七）环境影响评价结论。

★ **典型案例**

案例18：李某等要求撤销深圳市龙岗区环境保护和水务局建设项目环境影响审查批复案

【案情简介】

原告李某等19人系深圳市龙岗区中心城19区回龙埔华业玫瑰郡第4栋业主，自2010年12月起，原告一直向政府有关部门投诉反对在华业玫瑰郡第4栋裙楼空中花园进行中央空调冷却塔施工建设。但被告深圳市龙岗区环境保护和水务局仍于 2011 年 6 月 20 日作出深龙环批 [2011] 701034 号《建设项目环境影响审查批复》。原告认为，中央空调冷却塔所产生的噪声和华润万家有限公司所产生的废水、油烟等污染物严重影响了原告的居住环境，对原告的合法权益造成损害，根据《深圳经济特区建设项目环境保护条例》第 38 条的规定："在住宅区、学校、机关、医院等环境敏感区域，设立可能产生油烟、恶臭、噪声、振动、热污染或者其他污染的建设项目，建设单位应当就污染防治方案征求项目所在地有关单位和居民意见。"第 33 条规定，没有征求公众意见居民意见的，环保部门不予受理。第 37 条规定，对意见分歧较大的建设项目应当采取听证会等形式进一步征求意见。现被告明知原告强烈反对在华业玫瑰郡第 4 栋裙楼空中花园建设中央空调冷却塔及其他污染项目，但仍未遵守法定程序征求原告意见即作出深龙环批 [2011] 701034 号建设项目环境影响审查批复，非法剥夺了原告的听证权利，违反了法定程序，另外被告作出的此项环保批复不符合审批条件且超越审批权限，依法应当予以撤销。

被告深圳市龙岗区环境保护和水务局辩称：一、原告认为被告未征求其意见即作出深龙环批 [2011] 701034 号《建设项目环境影响审查批复》，非法剥夺了原告的听证权利，违反了法定程序，该主张不成立。根据《中华人民共和国环境影响评价法》第十六条、第二十一条、《建设项目环境保护管理条例》第十五条规定，国家对建设项目环境影响实行分类管理。《深圳经济特区建设项目环境保护条例》第三十三条明确规定，环境影响评价机构在编写环境影响报告书的过程中，应采取问卷调查、听证会等形式，公开征求公众意见，在环境影响报告书中编制公众参与篇章，并制作环境影响报告书简本。按照规定应当征求公众意见的建设项目，其环境影响报告书中没有公众参与篇章的，或者没有编制环境影响报告书简本的，环境保护部门不予受理。涉案华润万家龙岗吉祥店建设项目按申报经营商品零售，经营面积为 15010.83 平方米，设有熟食、糕点加工，设有厨房，面积为 500 平方米，炉灶 6 个。根据国家环境保护总局颁布的《建设项目环境影响评价分类管理名录》V20、21 的规定，涉案项目属于应当编制环境影响报告表的项目，而不属于应当编制环境影响报告书的项目。故涉案项目不适用《深圳经济特区建设项目环境保护条例》第33条、第37条的相关规定。

二、原告主张被告作出深龙环批［2011］701034号《建设项目环境影响审查批复》不符合审批条件，该主张不成立。环境影响评价是对建设项目实施后可能造成的环境影响进行分析、预测和评估，提出预防或者减轻不良环境影响的对策和措施，进行跟踪监测的方法与制度。1. 涉案华润万家龙岗吉祥店建设项目依法属于应当编制环境影响报告表的建设项目。第三人华润万家有限公司依据《深圳经济特区建设项目环境保护条例》第十二条规定，除向被告报批建设项目环境影响报告表外，还提交了该公司营业执照、涉案场地的房地产租赁合同等资料。被告受理后，依法对第三人提交的申请材料进行了审查，并在法定期限内作出了深龙环批［2011］701034号《建设项目环境影响审查批复》。2. 被告作出涉案《建设项目环境影响审查批复》仅是同意第三人可以在涉案建设项目场地予以开办，同时对建设项目在环保措施及标准方面提出各项要求。该批复并不意味着涉案建设项目的配套环保设施已经验收合格，涉案项目可以正式投入生产或使用。根据《建设项目环境保护管理条例》第二十条和二十三条规定，建设项目竣工后，建设单位应当向审批该建设项目环境影响评价文件的环保主管部门，申请该建设项目需要配套建设的环境保护设施竣工验收；建设项目需要配套建设的环保设施经验收合格，该建设项目方可正式投入生产或者使用。《深圳经济特区建设项目环境保护条例》第四章更是对项目验收进行了专章规定。故原告现主张中央空调冷却塔所产生的噪声和第三人从业所产生的废水、油烟等污染物严重影响了原告的居住环境，与事实不符。综上，原告主张被告作出涉案《建设项目环境影响审查批复》不符合审批条件，是缺乏事实及法律依据的。

三、原告主张被告作出深龙环批［2011］701034号《建设项目环境影响审查批复》超越审批权限，该主张不成立。1.《中华人民共和国环境影响评价法》第二十三条规定，除了由国务院审批的建设项目外，其他项目环境影响评价文件的审批权限，由省、自治区、直辖市人民政府规定。2.《广东省建设项目环境影响评价文件分级审批管理规定》第三条规定，县级以上环境保护行政主管部门按照规定的权限审批建设项目环境影响评价文件。第六条和第七条分别规定了省级环境保护主管部门和地级以上市环境保护主管部门有权审批的建设项目环境影响评价文件。第八条规定，县级环境保护主管部门负责审批本行政区域内本规定第六条、第七条以外的建设项目环境影响评价文件。3.《深圳市建设项目环境影响分级审批管理办法》第三条第1款规定了由市环境保护部门负责进行环境影响审批管理的建设项目，其中包括按《建设项目环境保护分类管理名录》必须编制环境影响报告书的项目（见该款第2项规定）；第2款规定，按规定须报省环保局或国家环保总局审批的项目，由市环境保护部门按规定报相关部门审批；第3款规定，除前两款规定以外的其他依法须报环境保护部门进行环境影响审批的建设项目，由项目所在地的区环境保护部门负责审批。4.综上，涉案项目依法不属于省市级环保主管部门审批的建设项目。被告作为龙岗区环境保护主管部门，依法有权对涉案项目的环境影响评价进行审批管理，即有权作出深龙环批［2011］701034号《建设项目环境影响审查批复》。原告主张被告作此批复超越法定职权，缺乏事实及法律依据。5.另，《深圳经济特区建设项目环境保护条例》第三十七条规定，市环境保护部门公开有关信息后，对意见分歧较大的建设项目，应当采取调查公众意见、座谈会、听证会等形式进一步征求公众意见。因涉案项目不属于市级环境保护主管部门审批的建设项目，据此，原告依据该条主张被告作出涉案批复违反法定程序，原告援引法律错误，其主张亦不成立。综上，原告诉求撤销被告作出的深龙环批［2011］701034号《建设项目环境影响审查批复》，缺乏事实及法律依据，请求法院予以驳回。

法院根据原告的主张、被告的辩驳和双方提交的证据，对案件的主要焦点进行了分析。法院认为：

（1）关于涉案建设项目的类别问题。涉案华润万家龙岗吉祥店建设项目属应当编制环境影响报告表的建设项目，应当由区环保部门负责审批其环境影响评价文件。(2) 关于环评的程序问题。首先，本案环境影响报告表的编制单位深圳市昱龙珠环保科技有限公司具备建设项目环境影响评价乙级资质，其评价范围为环境影响报告表类别，法院对环评机构的资质予以认可。其次，涉案华润万家龙岗吉祥店建设项目已经按照《深圳经济特区建设项目环境保护条例》第十二条的规定提交了相关材料。(3) 关于原告的听证权利问题。对于涉案这种应当编制环境影响报告表的建设项目，法律、法规并未规定环保部门应当采取听证会等形式征求公众意见。

综上，法院对原告的诉讼请求不予支持。

【案件评析】

本案是原告针对被告向第三人作出环评批复的行政行为提起的诉讼，案情较为复杂，涉及环境影响评价制度的几个重要问题，既包括环评制度的一些基础性问题，例如建设项目环境影响评价的分类管理，也包括环评制度在实践中最容易出现问题的一些环节，例如环评机构的资质、公众参与等。

1. 国家对建设项目环境影响评价实施分类管理。

根据《中华人民共和国环境影响评价法》第十六条的规定："建设单位应当按照规定组织编制环境影响报告书、环境影响报告表或者填报环境影响登记表：(一) 可能造成重大环境影响的，应当编制环境影响报告书，对环境影响进行全面评价；(二) 可能造成轻度环境影响的，应当编制环境影响报告表，对产生的环境影响进行分析或者专项评价；(三) 对环境影响很小不需要进行环境影响评价的，应当填报环境影响登记表。建设项目的环境影响评价分类管理名录由国务院环境保护主管部门制定。《建设项目环境保护管理条例》第七条亦有相同规定。此外，根据《中华人民共和国环境影响评价法》第二十一条规定，除国家规定需要保密情形外，对环境可能造成重大影响、应当编制环境影响报告书的建设项目，建设单位应当在报批环境影响报告书前，举行论证会、听证会，或者采取其他形式，征求有关单位、专家和公众的意见。建设单位报批的环境影响报告书应当附具对有关单位、专家和公众的意见采纳或者不采纳的说明。《建设项目环境保护管理条例》第十五条规定，建设单位编制环境影响报告书，应当依照有关法律规定，征求建设项目所在地有关单位和居民的意见。《深圳经济特区建设项目环境保护条例》第五章公众参与篇章是在遵照《中华人民共和国环境影响评价法》第二十一条、《建设项目环境保护管理条例》第十五条规定的基础上，针对需要编制环境影响报告书的建设项目如何进行公共参与所作的进一步具体化的规定。其中，第三十三条明确规定，环境影响评价机构在编写环境影响报告书的过程中，应当采取问卷调查、听证会等形式，公开征求公众意见，在环境影响报告书中编制公众参与篇章，并制作环境影响报告书简本。按照规定应当征求公众意见的建设项目，其环境影响报告书中没有公众参与篇章的，或者没有编制环境影响报告书简本的，环境保护部门不予受理。

2. 环境影响评价中的公众参与。

公众参与是环评制度中比较敏感的问题，近几年出现的与环评制度相关的环境行政诉讼中，大多都涉及公众参与问题，反映的主要问题就是行政机关在执行环评制度时没有依法完成公众参与的程序，保障公众的知情权和参与权。本案中，法院认为，涉案的建设项目属于应当编制环境影响报告表的建设项目，而法律法规对应当编制环境影响报告表的建设项目没有规定应当采取听证会等形式征求公众意见。并由此认为原告的主张没有法律依据。

值得注意的是，尽管法院没有认可原告的主张，但在判决书中，法院同时提道：《深圳经济特区建设项目环境保护条例》第三十八条规定，在住宅区等环境敏感区域，设立可能产生油烟、恶臭、噪音、振动、热污染或者其他污染的建设项目，建设单位应当就污染防治方案征求项目所在地有关单位和居民意见。第三十九条第一款规定，环境保护部门认为必要时，可以对公众意见进行核实。但从本案的有效证据来看，本案被告并未对建设单位是否就污染防治方案征求项目所在地有关单位和居民意见进行审查，被告该行为应属于未完全尽到审慎审查的义务。因此，法院认为被诉行为存在瑕疵，被告应当在今后的工作中予以改进。

《国务院关于印发全面推进依法行政实施纲要的通知》第二十条规定：行政机关作出对行政管理相对人、利害关系人不利的行政决定之前，应当告知行政管理相对人、利害关系人，并给予其陈述和申辩的机会；作出行政决定后，应当告知行政管理相对人依法享有申请行政复议或者提起行政诉讼的权利。行政机关在作出行政行为之前，要特别注意充分考虑到利害关系人的合法权益，特别是知情权和参与权。只有在充分听取民意的基础上作出行政行为，才能避免类似争讼的出现。

四 "三同时"制度

"三同时"制度是我国一项传统而富有特色的环境法基本制度。《中华人民共和国环境保护法》第四十一条规定："建设项目中防治污染的措施，必须与主体工程同时设计、同时施工、同时投产使用。防治污染的设施应当符合经批准的环境影响评价文件的要求，不得擅自拆除或者闲置。"

具体到实践中，"三同时"制度从建设项目的全过程对建设单位提出了以下要求：

（一）建设项目的初步设计，应当按照环保设计规范的要求，编制环保篇章，并依据经批准的环评报告书或报告表，在环保篇章中落实防治环境污染和生态破坏的措施以及环保设施投资概算；

（二）建设项目主体完工后，需要进行试生产的，其配套建设的环保设施必须与主体工程同时投入运行；

（三）建设项目竣工后，申请该建设项目需要配套建设的环境保护设施竣工验收；

（四）环保设施竣工验收，应当与主体工程竣工验收同时进行。

★典型案例

案例19：南通环洁能源公司废旧轮胎土法炼油环保行政处罚案
【案情简介】
2009年10月1日，环洁公司在如东县双甸镇双南村租用农田建厂，生产废旧轮胎裂解燃料油和碳项目，日产生废水 50 公斤左右。如东县环境保护局接群众举报后派员核查，发现该项目未经环保部门审批，也未建设配套的水污染防治设施，生产废水直接排入无防渗漏措施的土坑内，并渗漏至外环境。经监测，环洁公司总排口废水中的 COD_{cr} 和石油类污染物分别超过国家规定排放标准的 309 倍和 71.4 倍。如东县环境保护局发出行政处罚事先告知书。同年 12 月 31 日，如东县环境保护局再次进行现场监察，发现公司水除尘装置排水通过暗渠，最终排入厂区西侧农田灌溉渠中。如东县环境保护局经听证后于 2010 年 1 月 26 日作出东环罚字 [2010] 1 号行政处罚决定书，责令环洁公司停止废旧轮胎裂解燃料油和碳项目生产并罚款人民币 20 万元整。环洁公司不服，申请行政复议。如东县人民政府复议维持了行政处罚决定。环洁公司仍不服，以其生产项目是当前国家鼓励发展的环保产业，废水量并未超过环境的承受力，不造成水污染为由提起行政诉讼。

如东县人民法院审理后，依法判决维持如东县环境保护局所作行政处罚决定。环洁公司不服，以其进行废旧轮胎裂解燃料油和碳项目生产时，对周围不存在水污染，不适用《中华人民共和国水污染防治法》为由提起上诉。南通市中级人民法院经审理认为，环洁公司进行废旧轮胎裂解燃料油和碳项目生产，且在生产过程中有工业废水排放，应依据《中华人民共和国水污染防治法》第十七条的规定，在进行废旧轮胎裂解燃料油和碳项目建设的同时建立水污染防治设施，并应在环境保护主管部门验收合格的前提下，方可投入生产。环洁公司在生产过程中排放的工业废水已超过国家规定排放标准，且其废水经过无防渗漏措施的土坑直接或间接渗漏至厂区周围的农田灌溉渠中，产生污染。依照《中华人民共和国水污染防治法》第七十一条的规定，如东县环境保护局作出责令环洁公司停止废旧轮胎裂解燃料油和碳项目生产并罚款人民币 20 万元整并无不当，依法维持如东县环境保护局所作行政处罚决定。

【案件评析】

环洁公司利用废旧轮胎非法土炼油，不执行"三同时"制度，在项目的建设环节就没有建设配套的污水处理设施，导致工业污水直接排入农村灌溉渠，致使农村生态环境被破坏，其行为属于非法土炼油的违法行为，应当予以行政处罚。

五 申报许可证制度

环境保护许可制度是指从事有害或可能有害环境的活动之前，必须向有关管理机关提出申请，经审查批准，发给许可证后，方可开展该活动的一整套管理措施。

实践中，企业经营活动中最常见的许可证包括建设工程规划许可证、排污申报登记注册证等。以排污申报登记注册证为例，按照我国法律规定，凡在中华人民共和国领域内及中华人民共和国管辖的其他海域内直接或者间接向环境排放污染物、工业和建筑施工噪声或者产生固体废物的企事业单位，须按规定进行申报登记。排污单位必须按所在地环境保护行政主管部门指定的时间，填报《排污申报登记表》，并按要求提供必要的资料，经其行业主管部门审核后向所在地环境保护行政主管部门登记注册，领取《排污申报登记注册证》。新建、改建、扩建项目的排污申报登记，应在项目的污染防治设施竣工并经验收合格后一个月内办理。

★ 典型案例

案例 20：赵某申请撤销被告清镇市环境保护局对第三人贵州省清镇华威瓷业有限公司等行政许可案

【案情简介】

原告赵某是位于清镇市境内中八农场的种植大户。他于 2010 年年初开始租赁位于中八农场的 150 亩土地，种植西红柿 80 亩、高粱 70 亩。据调查取证得知，赵某种植的西红柿易脱落、未熟先烂，高粱幼苗长到一定高度就离奇死亡，最终导致赵某种植的西红柿和高粱大幅减产甚至绝收。

据律师调查，赵某承租的土地正好被"第三人"贵州清镇市吉利陶瓷有限公司、清镇市英迈尔陶瓷有限公司、贵州省清镇华威瓷业有限公司3家企业的厂房包围，3家企业在生产过程中不断向大气排放白色粉尘和二氧化硫、氟化物，最终导致西红柿产量大幅下降，高粱几乎绝收。赵某及其委托的代理人经过调查后认为，3厂家大肆向周边环境排污，是因为清镇市环保局涉嫌违法向3厂家颁发了排污许可证。

根据《贵州省污染物排放申报登记及污染物排放许可证管理办法》第十五条规定：新建、改建、扩建及技术改造等建设项目的排污者，在依法试运行期间办理排污申报登记后，须按规定办理临时排污许可证。经验收合格正式投入运行后3个月内，应按规定申请办理排污许可证。据律师调查得知，"第三人"的3厂家中，有2家建设项目在2010年10月才进行环保验收，而这2厂家却于2008年5月就已经获得清镇市环保局颁发的排污许可证；另一家的排污许可证也存在程序不合法问题。赵某及其代理人认为，被告于项目验收前就向"第三人"颁发了排污许可证，显然违反了法律规定。依法应予撤销。

在庭审过程中，清镇市环保局法人并未到庭，而是委托2名代理人参加诉讼。面对原告方的多项质疑，被告方代理人均以"被告的颁证程序合法"或以"这个问题与本案无关"为由不予答辩，并称没有违反相关法规，请求法院驳回原告的诉讼请求。而被列为"第三人"的3家瓷砖厂法人共同委托一名代理人出庭参与诉讼。代理人辩称，3家瓷砖厂所持有的排污许可证为合法取得，瓷砖厂排污也是合法排污。

2011年6月3日，在清镇环保法庭的主持下，双方当事人及各自的代理人，清镇市人民政府社会矛盾调处中心、信访办、环保局、农业局、青龙街道办事处等单位共同参加了调解。调解会上，被告表示因忽视污染物的治理给原告造成了损害，愿作一定的赔偿并取得原告的谅解，但由于市场不景气，企业的生存现状也请原告酌情考虑；原告对此表示理解，但其投资了数十万元，遭受损害后不仅血本无归且背负沉重的债务，希望被告拿出诚意尽快赔偿。经过多轮谈判后，双方终于达成共识。原告向法院申请撤诉。

法院认为，原告赵某向被告清镇市环境保护局申请信息公开，然后认为被告向第三人发放排污许可证程序存在瑕疵而提起行政诉讼，其根本目的在于解决污染致其损害的赔偿问题。现其已与第三人就民事部分协商庭外和解，诉讼目的已实现。其提起行政诉讼已无必要，其申请撤诉符合法律规定。据此，依照《中华人民共和国行政诉讼法》第五十一条之规定："人民法院对行政案件宣告判决或裁定前，原告申请撤诉的，或者被告改变其所作的具体行政行为，原告同意并申请撤诉的，是否准许，由人民法院裁定"，裁定准许原告赵某撤回起诉。

【案件评析】

本案是一起针对行政许可的行政诉讼案例。本案中，面对由于工厂生产排污造成的农场损失，本案原告有两种选择：一是以3家工厂为被告提起民事诉讼；二是以向3家工厂颁发行政许可的行政机关为原告、以三家工厂为行政第三人提起行政诉讼。本案值得注意的问题有：

1. 本案中的第三人，即三家工厂是否符合获得排污许可的条件？

根据《中华人民共和国水污染防治法》第二十条的规定，国家实行排污许可制度。据原告律师调查得知，"第三人"的3厂家中，有2家建设项目在2010年10月才进行环保验收，而这2厂家却于2008年5月就已经获得清镇市环保局颁发的排污许可证。如果原告律师调查属实，那么，这三家工厂获得排污许可证的程序是违法的。

2. 本案被告在颁发排污许可证时应当注意哪些法律规定？

《中华人民共和国行政许可法》第三十六条规定："行政机关对行政许可申请进行审查时，发现行政许可事项直接关系他人重大利益的，应当告知该利害关系人。申请人、利害关系人有权进行陈述和申辩。行政机关应当听取申请人、利害关系人的意见。"第四十七条规定："行政许可直接涉及申请人与他人之间重大利益关系的，行政机关在作出行政许可决定前，应当告知申请人、利害关系人享有要求听证的权利；申请人、利害关系人在被告知听证权利之日起五日内提出听证申请的，行政机关应当在二十日内组织听证。申请人、利害关系人不承担行政机关组织听证的费用。"第六十六条规定："被许可人未依法履行开发利用自然资源义务或者未依法履行利用公共资源义务的，行政机关应当责令限期改正；被许可人在规定期限内不改正的，行政机关应当依照有关法律、行政法规的规定予以处理。"

3. 原告提起行政诉讼的法律依据是什么？

行政许可诉讼是行政诉讼的一种。根据《中华人民共和国行政许可法》和《中华人民共和国行政诉讼法》的相关规定，提起行政许可诉讼应当符合下列条件：第一，具有原告资格。凡是与行政许可行为有法律上的利害关系的公民、法人或者其他组织对该行为不服的，都可以提起行政许可诉讼。第二，有明确的被告。第三，有具体的诉讼请求和事实依据。第四，符合行政诉讼的管辖规定。第五，不属于应当先申请行政复议而没有经过行政复议的案件。第六，在法定期限内起诉。

六　环境费制度

环境费制度在我国现行环境法律法规中可以分为排污收费制度和自然保护费制度。排污收费制度是指国家以筹集治理污染资金为目的，按照污染物的种类、数量和浓度，依据法定的征收标准，对向环境排放污染物或者超过法定排放标准排放污染物的排污者征收费用的制度。目前我国现行的五部有关环境污染防治的专门法律，即《中华人民共和国大气污染防治法》、《中华人民共和国水污染防治法》、《中华人民共和国环境噪声污染防治法》、《中华人民共和国固体废物污染环境防治法》、《中华人民共和国海洋环境保护法》对排放废气、废水、废渣等制定了相应的排污收费规定。值得注意的是，《中华人民共和国水污染防治法》确立了达标排污费和超标排污费的双收费制度。

而自然保护费制度则主要表现为资源利用费、恢复费等。例如《中华人民共和国森林法》规定的育林费、森林植被恢复费和森林生态效益补偿基金，《中华人民共和国野生动物保护法》规定的野生动物资源保护管理费，《中华人民共和国草原法》规定的草原植被恢复费,《中华人民共和国水法》规定的水资源费等。

★ **典型案例**

案例21：禹州市水岸花城房产开发有限公司与禹州市环境卫生管理处行政征收纠纷案

【案情简介】

2008年9月28日，禹州市环境卫生管理处收取禹州市水岸花城房产开发有限公司建筑垃圾处理费10000元，并出具河南省行政事业性收费基金专用票据。2008年11月26日，禹州市水岸花城房产开发有限公司将禹州市环境卫生管理处告上法庭，理由是正在施工的项目属于城中村改造重点建设项目，禹州市环境卫生管理处不应该征收其建筑垃圾处理费。原告请求法院确认被告收取原告建筑垃圾处理费违法或者撤销被告征收原告建筑垃圾处理费的具体行政行为，并退还收取的10000元建筑垃圾处理费。被告收到起诉状副本后，未在法定期限内提供作出具体行政行为的证据、依据。根据《最高人民法院关于执行〈中华人民共和国行政诉讼法〉若干问题的解释》第二十六条第二款规定："在行政诉讼中，被告对其作出的具体行政行为承担举证责任。被告应当在收到起诉状副本之日起10日内提交答辩状，并提供作出具体行政行为时的证据、依据；被告不提供或者无正当理由逾期提供的，应当认定该具体行政行为没有证据、依据。"根据《中华人民共和国行政诉讼法》第五十四条第二项第一目的规定，判决撤销被告禹州市环境卫生管理处2008年9月28日征收原告禹州市水岸花城房产开发有限公司10000元建筑垃圾处理费的具体行政行为，并判决被告在判决生效后十日内退还征收的建筑垃圾处理费10000元。

【案件评析】

本案中值得注意的问题有：

1. 关于建筑垃圾处理费的相关法律规定。

建设部2005年3月23日发布的《城市建筑垃圾管理规定》第十六条规定："建筑垃圾处置实行收费制度，收费标准依据国家有关规定执行。"

2. 关于行政诉讼中的举证责任。

《中华人民共和国行政诉讼法》第三十二条规定，被告对作出的具体行政行为负有举证责任，应当提供作出该具体行政行为的证据和所依据的规范性文件。本案中，被告没有提供作出征收建筑垃圾处理费的法律依据，应当承担举证不力的不利后果。

案例22：监察大队征收排污费是否合法？[①]

【案情简介】

2007年4月10日，某县环境监察大队根据个体工商户李某申报其页岩砖厂在本年度的《排污申报登记表》和砖厂2007年1—3月的实际生产量，按照《排污申报登记实用手册》中的污染物排放系数，核定了这家厂2007年1—3月的排污量，并于当日向李某送达了《排污核定通知书》。

在法定时间内，李某对《排污核定通知书》未提出异议。其后，县环境监察大队又依法核定了这家厂2007年1—3月应缴排污费4560元，并予以公告。县环境监察大队于2007年4月20日将此《排污费缴纳通知单》送达给李某。

李某在法定时间内未缴纳排污费4560元。2007年4月29日，县环境监察大队又向李某送达了《排污费限期缴纳通知书》，李某仍未履行缴纳排污费的义务。

由于李某在法定期限内既不申请复议，也不向人民法院起诉，又不履行缴纳排污费的义务，2008年8月4日，县环保局将此案申请人民法院强制执行。

县人民法院对此案进行立案审查后认为：按照国务院《排污费征收使用管理条例》第六条、第七条、第十三条、第十四条、第二十一条的规定，环保部门在向个体工商户李某征收排污费的过程中，向李某作出的排污申报、排污量的核定、排污费缴纳、限期缴纳等具体行

[①] 刘永涛、金鸿飞：《监察大队征收排污费是否合法？》，《中国环境报》2010年8月9日第3版。

政行为及这些法律文书的送达,都应当以县环保行政机关的名义作出并送达,而本案中却是以县环境监察机构的名义作出并送达,造成此案执法主体错误。

2008年8月15日,县法院根据《最高人民法院关于执行〈中华人民共和国行政诉讼法〉若干问题的解释》第八十六条第一款第三项及第二款之规定作出不予受理此案的行政裁定。

【案件评析】

《排污费征收使用管理条例》明确规定:县级以上人民政府环境保护行政主管部门负责排污申报、核定、复核和排污费数额的确定及送达排污费缴纳通知单、征收及违反规定的行政处罚。关于环境监察部门征收排污费主体资格认定问题,原国家环保总局《关于排污收费主体资格认定问题的复函》(环函〔2003〕311号)和《关于各级环境监察部门受委托征收排污费有关问题的复函》(环函〔2004〕259号)中已经做出解释,即县级以上环境保护局所属的环境监察机构征收排污费应为委托执法,而并非授权执法。所以,征收排污费的行政主体应当是县级以上环境保护行政主管部门。

根据《中华人民共和国行政诉讼法》第二十五条第四款规定:"由行政机关委托的组织所作的具体行政行为,委托的行政机关是被告。"因此,受环保行政机关委托进行行政执法的环境监察机构在执法时,环保行政机关对受委托的环境监察机构进行的行政执法行为应当负责监督,并对此行为后果承担法律责任。如引起行政诉讼时,被告则是委托的环保行政机关。

因此,环境监察机构在受环保行政主管部门委托后,在实施征收排污费等具体行政行为时应当遵守以下事项:第一,必须以委托的环保行政机关的名义实施征收排污费等具体行政行为,环境监察机构如果以自己的名义实施则是无效的,并将承担相应的法律责任;第二,不得超越具体委托的具体行政行为的范围和权限,因为委托的环保行政机关将不对超越委托权限的行为负责;第三,接受委托的环境监察机构不能再委托其他组织或个人实施征收排污费等具体行政行为。因此,本案中以环境监察机构的名义征收排污费是错误的。

七 清洁生产制度和循环经济制度

《中华人民共和国清洁生产促进法》将清洁生产定义为:"清洁生产是指不断采取改进设计、使用清洁的能源和原料、采用先进的工艺技术与设备、改善管理、综合利用等措施,从源头削减污染,提高资源利用效率,减少或者避免生产、服务和产品使用过程中污染物的产生和排放,以减轻或者消除对人类健康和环境的危害。"清洁生产制度主要包括三个方面的内容:自然资源的合理利用、经济效益最大化和环境危害最小化。

而循环经济则从更为宏观的角度,要求整个经济运行遵循"资源—产品—再生资源"的物质反复循环流动的环境友好型的经济发展模式。循环经济倡导三大行为准则,又称为3R原则,分别是减量化原则(Reduce)、再利用原则(Reuse)、再循环原则(Recycle)。我国《循环经济促进法》于2009年1月1日正式实施,将实现可持续发展作为基本立法理念。

从立法特色来看,《中华人民共和国清洁生产促进法》和《中华人民共和国循环经济促进法》都属于激励型的环境立法,注重从源头和全过程削减污染,提高资源利用效率,是对传统末端治理污染方式的根本性转变。从政府职能的角度看,政府在促进清洁生产和循环经济的过程中应当充分发挥引导、鼓励和扶持的作用,与此同时,传统的政府监管责任也必不可少,《中华人民共和国清洁生产促进法》和《中华人民共和国循环经济促进法》均有关于法律责任的规定。

★典型案例

案例23:上海市闵行区环保局四项措施推动清洁生产[①]
【案情简介】

作为上海市闵行莘庄工业区一家生产薄膜液晶显示器的高新技术

[①] 蔡新华、刘静、赵杰红:《政府如何推动清洁生产?上海闵行区经验:分解任务、政策引导》,《中国环境报》2012年7月20日第6版。

企业，中航光电子有限公司既是能耗大户，又是污染物种类多、排放量大的公司。日前，公司以推进清洁生产为契机，对生产工艺进行"去铬化"改造，通过一期改造项目的实施，实现年削减金属铬1.1吨，减少含铬废水排放超过3万吨/年，减少含铬污泥排放36吨/年。二期改造项目完成后，公司实现了削减100%金属铬使用量的目标，再也没有大量排放的含异丙醇废水和含铬废水了。

中航光电子有限公司清洁生产的成功实施，与上海市闵行区加大力度、推进区域内企业清洁生产的举措密不可分。那么，政府采取了哪些措施，推动企业实现清洁生产？

一　分解任务，各行其责

2010年，环境保护部《关于深入推进重点企业清洁生产的通知》文件下发以后，闵行区很快制定了《闵行区清洁生产审核实施方案》，督促重点行业内的重点企业开展清洁生产审核工作。

为推进重点企业的清洁生产工作，闵行区将重点企业清洁生产任务分解至13个街道（镇）的环保年度考核目标，作为区政府考核各街道（镇）政府年度工作的一项重要指标，明确任务与目标，一级对一级负责，使重点企业清洁生产目标任务真正落到具体部门。闵行区清洁生产工作的组织机构，在政府层面上有闵行区清洁生产领导小组，重点审核企业分别成立了以企业法人代表为组长的清洁生产领导小组和工作机构，专人负责。清洁生产领导小组通过召开"闵行区推进清洁生产座谈会"等形式，邀请已经开展清洁生产审核企业的代表介绍情况。闵行区环保局组织相关企业人员了解、掌握开展清洁生产审核的意义、方法、程序等。经过努力，闵行区清洁生产工作形成了区政府统一领导考核、部门各负其责、企业为主体具体实施的运行机制。

截至2012年4月，闵行区131家企业通过清洁生产评估或验收。通过审核的重点企业，实施无/低费改造方案1万多个，实施中/高费改造方案192个，实际完成投资额超过5.5亿元，产生年经济效益超过4.4亿元，有力地促进了全区节能减排和降耗增效。同时，闵行区大力推进清洁生产也促进了区域环境质量的改善。2011年闵行区空气质量优良率达93.7%，为近12年来最高。

二 动员培训，大力宣传

闵行区采取多种形式、多角度、全方位宣传清洁生产，引导企业领导提高环境意识，帮助企业制订循环经济及清洁生产计划。环保部门以社会动员为基础、媒体宣传为主线，每月定期对区内企业进行培训讲座并组织编制清洁生产典型案例，大力宣传优秀科技成果，普及清洁生产知识。

比如，中航光电子有限公司每月定期派出清洁生产审核工作小组成员参加闵行区举办的培训班。通过培训，公司进一步提高了对清洁生产重要性的认识，自觉将清洁生产与结构调整、节能降耗、资源综合利用和加强企业管理、环境管理紧密结合，将污染预防和污染物的减量化、资源化、无害化贯穿于整个生产过程中。在闵行区政府的积极引导下，清洁生产理念正迅速蔓延、渗透到全区工业体系之中，也推动了全区重点企业的审核工作。

三 政策引导，资金扶持

上海市闵行区除了制定清洁生产实施方案、确保整体进度之外，还采取措施进一步推动企业的清洁生产工作。比如，将清洁生产作为环保部门出具各类守法证明的前置条件，在企业申请上市（再融资）环保核查、生产许可证换证申领和有毒化学品进出口登记时将清洁生产作为一个前提条件，督促企业尽早开展审核工作；对清洁生产存在问题的企业，区环保局领导实行包案制，亲自谈话、亲自处理，做到问题解决到位、思想工作到位；依托集团公司、工业园区合力推进清洁生产工作，如通过与上海华谊集团、上海电气集团及闵行技术开发区共同召集企业举行座谈会等形式，来向企业灌输清洁生产理念，从而推动企业清洁生产工作。

上海市闵行区还建立激励机制，对实施清洁生产的企业进行表彰和奖励。一是采取以奖代补的扶持政策，对开展清洁生产审核实施效果显著、成绩突出的企业给予每家2万元奖励，至今已有上海三菱电梯有限公司等20家单位获得此项奖励；二是专门发文表彰清洁生产先进单位；三是对已实施清洁生产的企业，在申请资源综合利用、循环经济、节能减排等项目、资金及优惠政策享受时，可优先办理相关手续，符合条件的项目要积极优先争取列入国家和上海市有关重点专项扶持计划。

环保部门还设立了清洁生产专项扶持资金,制定了相应的管理办法,对清洁生产审核以及节电、节水、减排等各项工作给予政策支撑和资金补贴,以政策引导促进清洁生产。

四 强化政策,鼓励绩效

今后,上海市闵行区要加大检查和后督察力度,依法稳步扎实地推进重点企业清洁生产工作健康、有序发展。

一要完善机制,形成合力,将清洁生产审核的政策制度与总量控制、限期治理、排污许可证等其他方面的环保法规和政策有机结合起来,加强环保部门和经济部门的协调合作,形成推进清洁生产的合力。二要强化政策,鼓励绩效。对清洁生产审核绩效优秀的企业,力争优先享受环保专项资金支持,不断完善区级奖励政策,鼓励企业积极推进。三要结合减排,树立典型。加强与节能减排工作结合,树立清洁生产示范企业,倡导清洁生产理念,引导更多企业转变发展思路,实现污染防治从末端治理向全过程控制和节能减排转变。

【案件评析】

《中华人民共和国清洁生产促进法》关于政府在促进清洁生产中的基本职能的规定有:

第十条:"国务院和省、自治区、直辖市人民政府的经济贸易、环境保护、计划、科学技术、农业等有关行政主管部门,应当组织和支持建立清洁生产信息系统和技术咨询服务体系,向社会提供有关清洁生产方法和技术、可再生利用的废物供求以及清洁生产政策等方面的信息和服务。"

第十四条:"县级以上人民政府科学技术行政主管部门和其他有关行政主管部门,应当指导和支持清洁生产技术和有利于环境与资源保护的产品的研究、开发以及清洁生产技术的示范和推广工作。"

第十五条:"国务院教育行政主管部门,应当将清洁生产技术和管理课程纳入有关高等教育、职业教育和技术培训体系。

县级以上人民政府有关行政主管部门组织开展清洁生产的宣传和培训,提高国家工作人员、企业经营管理者和公众的清洁生产意识,培养清洁生产管理和技术人员。

新闻出版、广播影视、文化等单位和有关社会团体，应当发挥各自优势做好清洁生产宣传工作。"

八　环境资源信息制度

环境资源信息制度也称为环境信息公开制度。环境资源信息制度是环境资源信息工作的法定化和制度化，是有关环境资源信息的收集、处理、应用、公开以及管理主体、方式和程序及其监督与责任等法律规定的总称，环境信息制度是公民环境知情权的法律保障。2007 年《中华人民共和国政府信息公开条例》和《环境信息公开办法（试行）》的颁布，标志着我国环境资源信息制度基本确立。《政府信息公开条例》规定了政府进行信息公开的原则、范围、方式、监督和保障等事项。而《环境信息公开办法（试行）》则进一步将环境信息公开扩展到企业层面，对企业环境信息公开提出了基本要求，规定了监督和保障等事项。

★ **典型案例**

案例 24：北京丰台区源头爱好者研究所与杭州环保局环境信息公开案[①]

【案情简介】

2013 年 3 月 6 日，北京丰台区源头爱好者研究所在网上向杭州市环保局申请公开关于"杭州市滨江生活垃圾焚烧发电项目 2005 年到 2013 年运行期间，大气监测报告，包括二噁英的监测报告，垃圾渗滤液、飞灰和炉渣的产生处理数据报告"。该所另向杭州市环保局申请公开关于"杭州市滨江区生活垃圾焚烧发电项目环评报告全本"及"杭州市滨江区生活垃圾焚烧发电项目环评批复"。

3 月 18 日，杭州市环保局向研究所出具了《杭州市环境保护局非本机关信息告知书》，告知原告所申请的信息属于属地环保部门的

[①] 赵小燕：《民间组织申请环境信息公开被拒　状告杭州环保局》，人民网（http://legal.people.com.cn/n/2013/0820/c188502-22635187.html）。

掌握范围,建议向杭州市滨江区环保局咨询。该告知书称,根据《中华人民共和国环境保护法》的规定,县级以上地方人民政府环境保护行政主管部门,对本辖区的环境保护工作实施统一监督管理。4月8日,杭州市环保局向研究所出具了《杭州市环境保护局非本机关信息告知书》,告知原告所申请的信息不属于答辩人的掌握范围,并建议向浙江省环保厅咨询。

研究所方面就两次申请被拒将杭州市环保局告上法庭,认为杭州市环保局负有依法向原告作出信息公开的职责,但被告却推脱回避不予公开,其行为已严重违反《中华人民共和国政府信息公开条例》等相关法律法规,构成行政违法。

杭州市环保局在庭上辩称,研究所两次要求公开的信息均非该局制作。首先是有关垃圾焚烧厂的环评报告等内容均为浙江省环保厅制作,而杭州市环保局只是作为抄送单位。该局法规处一位负责人表示:"我们查阅了当年的收文簿,但没有收到浙江省环保厅的发文。"而对相关监测数据,该局则称数据在下属单位环境监测中心站,而该中心站数据并非向该局上报,而是集中在浙江省环境监测中心站。该位负责人表示,《中华人民共和国政府信息公开条例》所要求的是政府机关在行政履职过程中制作或者获取,以一定形式记录、保存的信息。该负责人称,上述信息并非该局在行政履职过程中获得。不过,研究所方面律师柯荣明表示,杭州市环保局网站即有相关数据能证明该局拥有监测信息,至少可以部分公开。

上述案件未当庭宣判。

【案件评析】

根据《环境信息公开办法(试行)》第二条的规定,政府环境信息是指环保部门在履行环境保护职责中制作或者获取的,以一定形式记录、保存的信息。《环境信息公开办法(试行)》第十一条规定了环保部门应当在职责权限范围内向社会主动公开的政府环境信息,其中第三项为环境质量状况,第八项为建设项目环境影响评价文件受理情况,受理的环境影响评价文件的审批结果和建设项目竣工环境保护验收结果,其他环境保护行政许可的项目、依据、条件、程序和结果。

本案中，原告北京丰台区源头爱好者研究所向被告杭州市环保局申请公开了两项环境信息，一项为杭州市滨江生活垃圾焚烧发电项目2005年到2013年运行期间，大气监测报告，包括二噁英的监测报告，垃圾渗滤液、飞灰和炉渣的产生处理数据报告，属于环境质量信息；一项为杭州市滨江区生活垃圾焚烧发电项目环评报告全本及杭州市滨江区生活垃圾焚烧发电项目环评批复，属于建设项目环境影响评价的相关材料。

1. 关于第一项信息。

《中华人民共和国环境保护法》第十条规定，县级以上地方人民政府环境保护行政主管部门，对本辖区的环境保护工作实施统一监督管理。《环境监测管理办法》第四条规定，县级以上环境保护部门对本行政区域环境监测工作实施统一监督管理，履行下列主要职责：（一）制订并组织实施环境监测发展规划和年度工作计划；（二）组建直属环境监测机构，并按照国家环境监测机构建设标准组织实施环境监测能力建设；（三）建立环境监测工作质量审核和检查制度；（四）组织编制环境监测报告，发布环境监测信息；（五）依法组建环境监测网络，建立网络管理制度，组织网络运行管理；（六）组织开展环境监测科学技术研究、国际合作与技术交流。

本案中，杭州市滨江生活垃圾焚烧发电项目虽然位于杭州市滨江区，但同样属于杭州市环保局的职责管辖范围，杭州市环保局应当掌握辖区内的全部环境质量数据，包括原告向其申请公开的大气监测报告。

2. 关于第二项信息。

《建设项目环境影响评价文件分级审批规定》第五条规定，环境保护部负责审批下列类型的建设项目环境影响评价文件：（一）核设施、绝密工程等特殊性质的建设项目；（二）跨省、自治区、直辖市行政区域的建设项目；（三）由国务院审批或核准的建设项目，由国务院授权有关部门审批或核准的建设项目，由国务院有关部门备案的对环境可能造成重大影响的特殊性质的建设项目。

第八条规定:"第五条规定以外的建设项目环境影响评价文件的审批权限,由省级环境保护部门参照第四条及下述原则提出分级审批建议,报省级人民政府批准后实施,并抄报环境保护部。(一)有色金属冶炼及矿山开发、钢铁加工、电石、铁合金、焦炭、垃圾焚烧及发电、制浆等对环境可能造成重大影响的建设项目环境影响评价文件由省级环境保护部门负责审批。(二)化工、造纸、电镀、印染、酿造、味精、柠檬酸、酶制剂、酵母等污染较重的建设项目环境影响评价文件由省级或地级市环境保护部门负责审批。(三)法律和法规关于建设项目环境影响评价文件分级审批管理另有规定的,按照有关规定执行。"

按照上述规定,本案中的杭州市滨江垃圾焚烧发电项目属于《建设项目环境影响评价文件分级审批规定》第八条第一项中的垃圾焚烧及发电建设项目,审批权限由省级环保部门提出分级审批建议,报省级人民政府批准后实施。

《浙江省建设项目环境保护管理办法》第十九条规定:"省环境保护行政主管部门负责下列建设项目的环境影响评价文件的审批:(一)省人民政府及其有关部门确定的建设项目;(二)设区的市人民政府及其有关部门确定的属于重污染行业的建设项目以及其他可能严重污染环境或者破坏生态的建设项目;(三)选址或者环境影响跨设区的市行政区域的建设项目;(四)按照法律、法规、规章和省人民政府规定应当由省环境保护行政主管部门审批的其他建设项目。设区的市、县(市、区)环境保护行政主管部门审批建设项目的环境影响评价文件权限,由省环境保护行政主管部门根据建设项目投资管理权限、建设项目对环境的影响性质和程度以及国家有关规定制定具体办法,报省人民政府批准后实施。"

《浙江省环保厅关于进一步下放建设项目环评审批管理权限切实加强监督管理的通知》第二条第一款规定了由省环保部门负责审批环评的建设项目,其中第4项为有色金属冶炼及矿山开发、钢铁加工、电石、铁合金、焦炭、垃圾焚烧及发电(包括生物质发电)、制浆等对环境可能造成重大影响的建设项目;新扩改建的农药原药(精烘包项目除外)、化学原料药、染料项目,总投资2亿元及以上的化工项目。

因此,本案中杭州市滨江垃圾焚烧发电的环评审批权限为省级环保部门享有,即浙江省环保厅。按照《中华人民共和国政府信息公开条例》第二十一条的规定,对依法不属于本行政机关公开或者该政府信息不存在的,被申请信息公开的行政机关应当告知申请人,对能够确定该政府信息的公开机关的,应当告知申请人该行政机关的名称、联系方式。

案例25:张某与广州市环保局环境信息公开案①

【案情简介】

广州市地铁六号线二期黄陂站和香山路的风井紧邻萝岗区万科新里程小区西门。由于担心风井对小区造成废气污染,一直有业主反对兴建风井。地铁公司则回应称,相关环评报告已通过国家批复。业主张女士在2013年6月17日向广州市环保局提出获取六号线二期工程夜间施工许可文件、环评文件及批复等政府信息的公开申请。

2013年6月26日,广州市环保局以原告请求公开的信息涉及第三人广州市地下铁道总公司的利益为由,回复称须征求地铁公司的意见。

2013年7月18日,市环保局以广州市地下铁道总公司不同意公开该项目初审阶段的环评文件为由,向张女士发出告知书,决定不予公开原告申请获取的环评文件。告知书中称,广州市地下铁道总公司不同意公开环评文件的理由是"广州市轨道交通工程已纳入广州市人防工程体系规划,并兼具防核、防化的重要功能,其环评文件中含有工程选址坐标等重要信息"。

张女士认为,根据《中华人民共和国政府信息公开条例》,六号线二期环评报告属政府必须主动公开公示的信息,第三方不同意

---

① 陈万如:《地铁风井口环评公开不公开?》,南都网(http://epaper.oeeee.com/g/html/2013-09/23/content_ 1939511.htm)。

而不予公开的理由须为涉及"商业秘密和个人隐私",而地铁的答复并没有涉及上述两项。若拟公开信息内容涉及"国家秘密",地铁公司也不具备认定原告申请公开信息是否属于"国家秘密"的主体资格。况且,即便题述"环境影响报告书"部分涉密,也不影响其他部分如"公众参与"的信息公开。广州市环保局则答辩称,张女士申请公开的政府信息依法不属于由其公开。答辩人已告知原告可向广州市城乡建设委员会、环境保护部获取信息或者提出申请。且开庭时,张女士已按照指引向环境保护部申请公开有关环评信息。市环保局还认为,地铁六号线二期工程的环评受理单位和审批单位都是环境保护部,环境保护部最终作出的环评批复才是该建设项目实施的依据。市环保局对该项目的初审只是环境保护部审批过程中的一个环节,所形成的意见在性质上属于内部信息,不作为建设项目实施的依据,环评报告的初审文件一般与终审文件存在较大差别。因此,与原告生活需求相关的不是初审文件,终审文件才是法律规定的依申请公开的政府信息。

【案件评析】

本案涉及申请政府环境信息公开时如何认定不予公开情形的问题。案件中被告广州市环保局提出了两点理由,一为申请公开信息的重要利益相关人广州市地下铁道总公司不同意公开。而地下铁路总公司拒绝公开的理由是"建设工程环评文件中含有工程选址坐标等重要信息";一为审批过程中的初审文件不予公开。

1. 关于涉及国家秘密、商业秘密的政府环境信息不予公开的情形。

环保部办公厅2013年11月14日发布的《建设项目环境影响评价政府信息公开指南(试行)》规定,环境影响评价政府信息是指环境保护主管部门在履行环境影响评价文件审批、建设项目竣工环境保护验收和建设项目环境影响评价资质管理过程中制作或者获取的,以一定形式记录、保存的信息。该指南第一条规定了政府环境保护主管部门应主动公开的信息范围:(一)环境影响评价相关法律、法规、规章及管理程序。(二)建设项目环境影响评价审批,包括:环境影响评价文件受理情况、拟作出的审批意见、作出的审批决定。（三）建设项目竣工环境保护验收，包括：竣工环境保护验收申请受理情况、拟作出的验收意见、作出的验收决定。（四）建设项目环境影响评价资质管理信息，包括：建设项目环境影响评价资质受理情况、审查情况、批准的建设项目环境影响评价资质、环境影响评价机构基本情况、业绩及人员信息。

同时，第一条第二款规定，公开环境影响评价信息，删除涉及国家秘密、商业秘密、个人隐私以及涉及国家安全、公共安全、经济安全和社会稳定等内容应按国家有关法律、法规规定执行。

《环境信息公开办法（试行）》第十二条规定："环保部门应当建立健全政府环境信息发布保密审查机制，明确审查的程序和责任。环保部门在公开政府环境信息前，应当依照《中华人民共和国保守国家秘密法》以及其他法律、法规和国家有关规定进行审查。环保部门不得公开涉及国家秘密、商业秘密、个人隐私的政府环境信息。但是，经权利人同意或者环保部门认为不公开可能对公共利益造成重大影响的涉及商业秘密、个人隐私的政府环境信息，可以予以公开。环保部门对政府环境信息不能确定是否可以公开时，应当依照法律、法规和国家有关规定报有关主管部门或者同级保密工作部门确定。"

在认定申请公开的政府环境信息是否涉及国家秘密和商业秘密时，还应特别注意《环境信息公开办法（试行）》第十二条第三款的规定，即"经权利人同意或者环保部门认为不公开可能对公共利益造成重大影响的涉及商业秘密、个人隐私的政府环境信息，可以予以公开"。

从广州市环保局的回复来看，并没有明确告知原告其申请公开的信息涉及国家秘密或商业秘密并说明理由。

2. 关于行政审批过程中的初审文件不予公开的问题。

本案中，被告广州市环保局认为，地铁六号线二期工程的环评受理单位和审批单位都是环境保护部，环境保护部最终作出的环评批复才是该建设项目实施的依据。市环保局对该项目的初审只是环境保护部审批过程中的一个环节，所形成的意见在性质上属于内部信息，不作为建设项目实施的依据。

从现有立法上看,《中华人民共和国政府信息公开条例》目前并没有对行政机关内部准备性行为的信息是否属于公开范围作出规定。对这个问题的讨论至今仍然是学界争议的问题之一。《中华人民共和国政府信息公开条例》第二十二条规定:"申请公开的政府信息中含有不应当公开的内容,但是能够作区分处理的,行政机关应当向申请人提供可以公开的信息内容。"此外,《上海市政府信息公开规定》第二十三条规定:"对公民、法人或者其他组织提出的政府信息公开申请,行政机关应当按照下列规定分别作出答复:(一)属于公开范围的,应当告知申请人获取该政府信息的方式和途径。(二)属于不予公开范围的,应当告知申请人并说明理由。(三)申请内容不属于本规定的政府信息范围的,应当告知申请人并说明有关情况。(四)申请公开的政府信息属于本机关职责权限范围,但本机关未制作或者获取的,应当告知申请人该政府信息不存在。(五)申请公开的政府信息不属于本机关职责权限范围的,应当告知申请人不属于本机关公开;对能够确定该政府信息的公开机关的,应当告知申请人公开机关的名称、联系方式。(六)申请公开的政府信息中含有不应当公开的内容,但能够区分处理的,应当告知申请人可以部分公开及其获取方式和途径;对不予公开的部分,应当说明理由。(七)申请公开的政府信息涉及商业秘密、个人隐私,但符合本规定第十二条第二款规定,可以予以公开的,应当告知申请人获取该政府信息的方式和途径,并将决定公开的内容和理由书面告知权利人。(八)申请内容不明确,不符合本规定第二十一条第一款规定的,应当告知申请人在合理期间内补正;申请人逾期未补正的,视为放弃申请。(九)同一申请人无正当理由重复向同一行政机关申请公开同一政府信息,行政机关已经作出答复的,可以告知申请人不再重复处理。"该条第六项关于"分割信息"的处理方法是对国务院《中华人民共和国政府信息公开条例》第二十二条所做的补充。① 回到本案,鉴于法律对这个

---

① 朱应平:《行政机关内部准备性行为的信息公开问题探析》,《法商研究》2010年第3期。

问题没有作出明确规定，原告转而向环保部申请建设项目的相关信息公开是可行的选择。

九 环境监察与环境监测制度

环境监察与环境监测是实施环境监督的必要手段。广义的环境监察制度包括现场环境监察制度、污染源现场巡视监察制度、征收排污费工作制度、环境污染事故和纠纷查处制度、对排污单位来文、来函的回复制度、环境监察票据使用管理制度、执法文书使用管理制度、环境监察报告制度等。

环境监测制度是指从事环境资源监测的机构及其工作人员，按照有关技术规范规定的程序和方法，运用物理、化学、生物、遥感等技术，监视、检测和分析人为活动对环境、自然资源和生态系统的影响以及环境、资源和生态的变化，评价环境、自然资源和生态的质量和状况，编制环境资源监测报告的活动。[①]《中华人民共和国环境保护法》第十七条规定："国家建立、健全环境监测制度。国务院环境保护主管部门制定监测规范，会同有关部门组织监测网络，统一规划国家环境质量监测站（点）的设置，建立监测数据共享机制，加强对环境监测的管理。有关行业、专业等各类环境质量监测站（点）的设置应当符合法律法规规定和监测规范的要求。监测机构应当使用符合国家标准的监测设备，遵守监测规范。监测机构及其负责人对监测数据的真实性和准确性负责。"2007年7月25日，原国家环保总局发布了《环境监测管理办法》。

★ 典型案例

案例26：开阳天润污水处理有限公司不服贵阳市环境保护局行政处罚案

【案情简介】

2012年2月7日上午11时，贵阳市环境保护局执法人员到原告开阳天润污水处理有限公司进行日常环境监督检查，要求原告提供检

---

① 蔡守秋主编：《新编环境资源法学》，北京师范大学出版社2010年版，第160页。

查的相关资料。原告向被告提供了一份当天下午3时的《化验分析记录表》。由此,贵阳市环保局执法人员认为在未经化验分析的情况下,便制作出下午的《化学化验记录表》,存在弄虚作假的情况。基于此,贵阳市环保局执法人员于2月28日向原告送达了筑环罚告字[2012]020号《贵阳市环境保护局行政处罚事先告知书》,开阳天润污水处理有限公司于3月6日向贵阳市环境保护局提交了陈述申辩报告,要求其免予行政处罚。贵阳市环境保护局于3月12日作出了不予采纳原告申辩意见的答复。并于3月15日向开阳天润污水处理有限公司送达了筑环罚字[2012]018号《行政处罚决定书》,作出要求开阳天润污水处理有限公司改正违法行为,罚款5万元的行政处罚决定。开阳天润污水处理有限公司对该行政处罚不服,向贵州省清镇市人民法院提起行政诉讼。

原告开阳天润污水处理有限公司诉称,原告员工违反公司化验管理制度填报的《化验分析记录表》,未经过厂长确认或加盖公司公章,也未形成原告的正式记录文件,并非原告的真实意思。并且,原告员工的违章行为并未造成任何损害后果,原告在环保部的在线监测系统中,所有指标符合规定。而被告在对原告作出5万元罚款处罚时未考虑原告具体的违法情节,处罚与过错程度不相当。原告认为被告的行政处罚显失公正,请求依法变更原告于2012年3月12日作出的筑环罚字[2012]018号《行政处罚决定书》。

被告辩称,被告的执法人员于2012年2月7日上午11时到原告处予以例行检查,要求原告提供相关检查资料,而原告提供了下午3时的《化验分析记录表》,存在弄虚作假的现象,因此,被告依据《中华人民共和国行政处罚法》、《中华人民共和国水污染防治法》、《贵州省环境保护行政处罚自由裁量权细化标准(暂行)》的规定,对原告作出罚款5万元的行政处罚决定。

法院判决维持贵阳市环境保护局于2012年3月12日作出的筑环罚字[2012]018号《行政处罚决定书》。

【案件评析】

《中华人民共和国水污染防治法》第二十七条规定:"环境保护

主管部门和其他依照本法规定行使监督管理权的部门,有权对管辖范围内的排污单位进行现场检查,被检查的单位应当如实反映情况,提供必要的资料。检查机关有义务为被检查的单位保守在检查中获取的商业秘密。"第七十条规定:"拒绝环境保护主管部门或者其他依照本法规定行使监督管理权的部门的监督检查,或者在接受监督检查时弄虚作假的,由县级以上人民政府环境保护主管部门或者其他依照本法规定行使监督管理权的部门责令改正,处一万元以上十万元以下的罚款。"本案中,被告贵阳市环境保护局是法律规定的、对本辖区内环境保护和环境监督具有行政执法权的职能部门,对原告开阳天润污水处理有限公司的日常环保工作进行监督检查属于正常履行职责。《化验分析记录表》系原告负责分析检测的工作人员在被告例行检查时提供的,原告应对其工作人员提供的检查材料负责。因此,原告提交了虚假的资料给被告予以检查,被告对原告弄虚作假的行为进行行政处罚是符合法律规定的。

《贵州省环境保护行政处罚自由裁量权细化标准(暂行)》规定,其中,水污染防治部分,接受监督检查时弄虚作假的,处以1万—5万元的罚款,被告作出罚款5万元的行政处罚决定在其自由裁量的范围内,不存在原告所诉处罚不当的问题。

案例27:高某不服清镇市环境保护局行政处罚案

【案情简介】

2011年9月,清镇市环保监察大队告知原告应当修建密闭大棚用于堆放黏土、粉煤灰等原料后,原告按要求购进建材修建了数个大棚,因不同原料不能混合,遂只将部分原料堆放在大棚内,露天堆放的部分则采取覆盖和洒水防尘的措施。

2011年10月11日,清镇市环境监察大队执法人员现场检查清镇市中八砖厂时,发现该砖厂按照要求修建了数个堆棚,但仍有部分黏土、粉煤灰等原料露天堆放,未采取密闭措施,造成粉尘污染。清镇市环境监察大队作出清环罚字〔2012〕010号《行政处罚决定书》,认定清镇市中八砖厂露天堆放黏土、粉煤灰等原料的行为违反了《中华人民共和国大气污染防治法》第四十二条的规定，依法对该砖厂处以四万五千元罚款，并于同日送达中八砖厂。

中八砖厂的负责人高某不服清镇市环境保护局作出的清环罚字［2012］010号《行政处罚决定书》，遂向贵州省清镇市人民法院提起行政诉讼。

原告诉称，中八砖厂已经按照要求修建了数个堆棚，将部分原料转移到堆棚中，对剩余的原材料也采取了覆盖和喷洒措施，抑制了粉尘的散发，因此现场检查报告单反映的情况不具有真实性。被告作出的行政处罚决定没有事实依据。并且，原告堆放的原材料不属于有毒有害气体及粉尘物质，被告依据的关于有毒有害气体及粉尘的规定属于适用法律规定错误。因此，原告请求依法撤销贵州省清镇市环保局作出的清环罚字［2012］010号《行政处罚决定书》。

被告辩称，被告提供的证据材料，包括《贵州省环境监察执法通知书》、《贵阳市环境监察现场检查报告单》、《环境保护行政执法现场调查询问笔录》等证据均证明了原告的违法行为，事实清楚、证据确凿。被告认为原告违反了《中华人民共和国大气污染防治法》第四十二条"运输、装卸、贮存能够散发有毒有害气体或者粉尘物质的，必须采取密闭措施或者其他防护措施"的规定，处罚依据是《中华人民共和国大气污染防治法》第五十六条第一款第三项"未采取密闭措施或者其他防护措施的，运输、装卸或者贮存能够散发有毒有害气体或者粉尘物质的，由县级以上地方人民政府环境行政主管部门或者其他依法行使监督管理权的部门责令停止违法行为，限期改正，可以处以5万元以下罚款"的规定。被告适用法律正确、程序合法，故请求判决维持被告的环境行政处罚决定。

法院经审理后认为，被告作为县市级环保行政主管部门，对本辖区内的环境保护工作进行统一管理，系正常履行职责，符合《中华人民共和国环境保护法》第七条第一款之规定，其于2011年11月9日检查发现清镇市中八砖厂虽然按照要求修建了堆棚，但仍有大量黏土、粉煤灰露天堆放，并未超越其职权范围。被告发现原告存在违法行为后，依照法律规定进行了处罚、听证告知及下达行政处罚决定，并送达给原告,程序符合法律规定。原告虽然采取了喷洒和篷布覆盖等方式防尘,但效果并不理想,这些原料客观上仍散发了一定的粉尘物质,对大气造成污染,故此,被告适用《中华人民共和国大气污染防治法》的相关规定是正确的。但是,根据《贵州省环境保护行政处罚自由裁量权细化标准(暂行)》,对一般散发粉尘物质的处以两千到一万元的罚款,只有对情节严重,造成社会影响的才处以三万至五万元的罚款。结合本案的情况,原告在被告第一次告知后即主动修建了堆棚,根据《中华人民共和国行政处罚法》第四条"行政处罚遵循公正、公开的原则。设定和实施行政处罚必须以事实为依据,与违法行为的事实、性质、情节以及社会危害程度相当",以及第二十七条第一款"当事人有下列情形之一的,应当依法从轻或者减轻行政处罚:(一)主动消除或者减轻违法行为危害后果的"之规定,被告对原告处以四万五千元罚款,显然与原告违法事实、性质和社会危害程度不相符合,有失公正。因此,判变更被告清镇市环境保护局于2012年3月28日作出的清环罚字[2012]010号《行政处罚决定书》,改为对原告高某处以罚款一万元整。

【案件评析】

本案中,被告贵州省清镇市环保局在作出行政处罚决定时认定事实清楚、程序合法,适用法律法规正确,但是处罚数额显失公正。

根据《中华人民共和国行政诉讼法》第五十四条的规定:"人民法院经过审理,根据不同情况,分别作出以下判决:(一)具体行政行为证据确凿,适用法律、法规正确,符合法定程序的,判决维持。(二)具体行政行为有下列情形之一的,判决撤销或者部分撤销,并可以判决被告重新作出具体行政行为:1. 主要证据不足的;2. 适用法律、法规错误的;3. 违反法定程序的;4. 超越职权的;5. 滥用职权的。(三)被告不履行或者拖延履行法定职责的,判决其在一定期限内履行。(四)行政处罚显失公正的,可以判决变更。"

案例 28：保定市环保局突击检查 环保公安联合执法[①]

【案情简介】

2014年1月，网民"反腐同盟"在腾讯微博发帖称：河北省保定市安新县淀南小北冯村东堤口一家镀锌企业已经开工半年多时间，生产过程中产生重金属污染，对环境和人体健康产生威胁。希望环保部门对其予以取缔，还村民一片净土。

接到网络舆情通报信息后，保定市环保局高度重视，指派特别督察组迅速开展检查。督察组接到指示后，在严格保密的情况下，直接到所涉电镀企业进行检查。这家电镀企业位于小北冯村村北，高楼村村南，距离大堤约15米，并且紧邻白洋淀支流。由于是突击检查，正在进行生产的工人没有任何防备，一见到环境执法人员便立即从工厂后门溜走。通过现场检查，执法人员发现电镀工厂的生产车间内有7个生产槽，过水池11个，并且工厂地面上流淌着大量生产废水。另外，工厂西侧成品库堆有185个成品箱。后院堆放着含有酸性物质的废塑料桶、玻璃瓶近百个。紧邻后院就是储水池，储水池没有任何防渗措施，只用几根竹竿和芦苇席搭着，并且储水池紧挨着的就是白洋淀支流。从现场可以看到，储水池旁小沟渠边的土壤已经被染成了黄色。从厂房墙壁、生产情况和车间内物品情况判断，环境执法人员认为这家工厂的生产时间最少已经有3个月以上，但这家工厂的负责人冯某却说，他们刚刚生产了1个多月。在现场检查的过程中，执法人员对工厂储水池中的水进行了取样检测，结果显示：总铬81.9MG/L，六价铬55.8MG/L，锌4.35MG/L。而国家规定的相应标准值则为：总铬1.0MG/L，六价铬0.2MG/L，锌1.5MG/L。很明显，电镀厂排放的废水已经严重超标。

在得知相关信息后，安新县环保局立即派执法人员前去配合，并向安新县政府做了汇报。对此，安新县政府高度重视，协调公安环保支队、电力局共同开展联合执法，彻底将这家违法电镀企业铲除。联合执法过程中，刘李庄镇政府也大力支持并开来铲车，当场铲掉电镀

[①] 《环境执法直指重点污染源监管》，中国环境网（http://www.cenews.com.cn/fzxw/fzyw/201401/t20140115_763665.html）。

企业的生产设备。执法人员对企业的成品和原料就地封存，随后将进行无害化处理。最终，依据监测结果，公安人员依法对电镀企业的相关责任人进行了拘留。

案例29：昆明市盘龙旺旺园饭店不服昆明市西山区环境保护局行政处罚案

【案情简介】

原告昆明市盘龙旺旺园饭店系个人独资企业，投资人系李某，经营饭菜、煮品和油条。该饭店自1999年2月起在西山区后新街3号开业。2005年11月16日，该饭店向被告昆明市西山区环境保护局申请办理了《建设项目环境影响登记表》，经被告审查同意旺旺园饭店在西山区后新街3号经营，建议以中餐为主，并要求原告餐馆外排废水、噪声、油烟等必须达到国家规定的排放标准，试营业三个月内必须向被告申请环境监测和验收手续。若项目属补办手续，则从审批即日起必须积极整改，并在三个月内经被告验收合格方能投入正式运行，否则将依照《建设项目环境保护管理条例》从重予以处罚。之后，原告并没有按照规定的要求办理环保设施竣工验收手续。2008年4月，因原告油烟、噪声扰民被群众投诉，被告遂对原告及其餐馆环境污染立案调查。经被告对原告餐馆外排废水取样检测，原告餐馆废水COD_{cr}超标。被告于2008年4月15日作出西环罚告字[2008]01号《行政处罚事先告知书》，决定拟对原告作出停止餐饮经营的处罚。该处罚事先告知书送达原告后，原告向被告申请了听证。2008年5月7日被告召开了听证会，并于2008年5月20日作出西环限改字[2008]73号《环境违法行为限期改正通知书》。要求原告：1. 限期于2008年6月21日前改正超标排放废水行为，实现稳定达标排放；2. 限期于2008年6月21日前办理建设项目环境保护设施竣工验收手续。整改期限届满后，2008年6月27日，被告对整改情况进行调查，并对原告的外排废水、厂界噪声进行监督性监测。监测结论为：外排废水中化学需氧量超过《污水综合排放标准》（GB8978—1996）表4三级标准的要求，超标1.7倍。昼间厂界噪声超过《工业企业厂界噪声标准》（GB12348—90）中Ⅱ类区标准昼间等效声级的要求，最大超标 8.2dB（A）。2008 年 7 月 9 日，被告作出西环罚告字［2008］06 号《行政处罚事先告知书》及西环听告字［2008］05 号《行政处罚决定听证告知书》，决定拟对原告作出停止餐饮经营的行政处罚。该处罚告知书送达原告后，被告依原告申请于 2008 年 7 月 22 日召开了听证会，并于 2008 年 8 月 1 日作出西环罚字［2008］04 号《行政处罚决定书》，决定给予原告停止餐饮经营的行政处罚。

原告不服该处罚决定，于 2008 年 9 月 25 日向昆明市西山区人民政府提出行政复议，经该复议机关复议后于 2008 年 10 月 30 日作出昆西政行复决字［2008］第 1 号《行政复议决定书》，维持被告作出的西环罚字［2008］04 号《行政处罚决定书》。原告随后又向昆明市西山区人民法院就昆明市西山区环保局作出的西环罚字［2008］04 号《行政处罚决定书》提起诉讼。

昆明市西山区人民法院认为，根据《中华人民共和国环境保护法》第七条第二款之规定，被告西山区环保局负有对本辖区的环保工作进行监督管理的法定职责，具备本案合法的行政主体资格，是适格被告。原告旺旺园饭店系行政处罚的相对人，有权提起诉讼，是适格原告。经过审理，昆明市西山区人民法院认为被告认定的原告污染物排放超标事实清楚，作出行政处罚程序合法，适用法律法规正确，判决维持昆明市西山区 2008 年 8 月 1 日作出的西环罚字［2008］04 号《行政处罚决定书》。

原审判决后，原告不服，向昆明市中级人民法院提起上诉。昆明市中级人民法院判决驳回上诉，维持原判。

【案件评析】

行政诉讼案件的焦点一般包括：认定的事实是否真实、清楚，作出行政行为的程序是否合法，以及行政机关适用法律是否正确。

1. 认定的事实是否真实、清楚。

本案的事实认定部分较为清楚，西山区环保局在对旺旺园饭店场所排放的污染物进行监测时，抽取了水样并认定污水排放和厂界噪声排放超过国家标准。双方当事人对该监测结果进行过听证，旺旺园饭店对监测报告中废水的监测结果也无异议。

2. 作出行政行为的程序是否合法。

本案中，西山区环保局作出行政处罚决定的行政行为符合《中华人民共和国行政处罚法》和《环境保护行政处罚办法》的规定，程序合法。

3. 行政机关适用法律是否正确。

本案中，西山区环保局根据《建设项目环境保护管理条例》第二十三条、第二十八条的规定，对旺旺园饭店作出限期治理的决定，在改正期限届满、旺旺园饭店的整改经验收仍不合格的情况下，对其作出行政处罚的决定，适用法律法规也并无不当。

值得注意的是，本案中，旺旺园饭店在不服西山区环保局作出的行政处罚决定时，首先向昆明市西山区人民政府提出了行政复议申请，在西山区人民政府作出维持西山区环保局的行政处罚决定后，才向法院提起行政诉讼。

《中华人民共和国行政复议法》第六条规定："有下列情形之一的，公民、法人或者其他组织可以依照本法申请行政复议：（一）对行政机关作出的警告、罚款、没收违法所得、没收非法财物、责令停产停业、暂扣或者吊销许可证、暂扣或者吊销执照、行政拘留等行政处罚决定不服的；（二）对行政机关作出的限制人身自由或者查封、扣押、冻结财产等行政强制措施决定不服的；（三）对行政机关作出的有关许可证、执照、资质证、资格证等证书变更、中止、撤销的决定不服的；（四）对行政机关作出的关于确认土地、矿藏、水流、森林、山岭、草原、荒地、滩涂、海域等自然资源的所有权或者使用权的决定不服的；（五）认为行政机关侵犯合法的经营自主权的；（六）认为行政机关变更或者废止农业承包合同，侵犯其合法权益的；（七）认为行政机关违法集资、征收财物、摊派费用或者违法要求履行其他义务的；（八）认为符合法定条件，申请行政机关颁发许可证、执照、资质证、资格证等证书，或者申请行政机关审批、登记有关事项，行政机关没有依法办理的；（九）申请行政机关履行保护人身权利、财产权利、受教育权利的法定职责，行政机关没有依法履行的；（十）申请行政机关依法发放抚恤金、社会保险金或者最低生活保障费，行政机关没有依法发放的；（十一）认为行政机关的其他具体行政行为侵犯其合法权益的。"

《中华人民共和国行政诉讼法》第三十七条规定："对属于人民法院受案范围的行政案件，公民、法人或者其他组织可以先向上一级行政机关或者法律、法规规定的行政机关申请复议，对复议不服的，再向人民法院提起诉讼；也可以直接向人民法院提起诉讼。法律、法规规定应当先向行政机关申请复议，对复议不服再向人民法院提起诉讼的，依照法律、法规的规定。"

此外，《最高人民法院关于执行〈中华人民共和国行政诉讼法〉若干问题的解释》第二十二条规定："复议机关在法定期间内不作复议决定，当事人对原具体行政行为不服提起诉讼的，应以作出原具体行政行为的行政机关为被告；当事人对复议机关不作为不服提起诉讼的，应以复议机关为被告。"在本案中，西山区人民政府作出维持西山区环保局行政处罚决定的复议决定，旺旺园饭店对西山区环保局作出的行政处罚决定不服，也对西山区人民政府作出的复议决定不服，在这种情况下，旺旺园饭店不能同时对西山区人民政府和西山区环保局提起行政诉讼，而只能选择其一提起行政诉讼。

十　环境行政指导制度

行政指导，是一种非以行政强制为特征的新型行政手段或方式。①环境行政指导是环境保护行政主管部门和其他环境保护相关主管部门，在法定职权内，通过制定诱导性政策、计划、纲要、名录等规范性文件，以及采用具体的示范、建议、劝告、鼓励、限制等非强制性方式，诱使或促使环境行政管理相对人自愿作出或不作出某种行为，以实现环境行政管理目标的间接性权力的行政行为。②

非强制性是环境行政指导的主要特征，与传统行政行为不同的是，行政指导的成立不需要征得行政相对方的同意。但从法律效果来

---

① 周佑勇：《行政法原论》第 2 版，中国方正出版社 2005 年版，第 344 页。
② 柯坚：《环境行政指导若干问题研究》，《环境导报》2001 年第 2 期。

看，环境行政指导的目的也是达到国家行政管理的目标。因此，应当把环境行政指导看作一种行政行为。

环境行政指导在很多国家政策中都有体现，例如《国家重点行业清洁生产向导目录（第一批）》中为推行清洁生产，引导企业采用先进的清洁生产工艺和技术，积极防治工程污染作了明确规定。一些环境保护单行法律也对环境指导做了具体规定。例如《中华人民共和国大气污染防治法》第九条规定："国家和支持大气污染防治的科学技术研究，推广先进适用的大气污染防治技术，鼓励和支持开发、利用太阳能、风能、水能等清洁能源。国家鼓励和支持环境保护产业的发展。"第三十四条规定："国家鼓励生产和消费使用清洁能源的机动车辆，国家鼓励和支持生产、使用优质燃料油，采取措施减少燃料油中有害物质对大气环境的污染。单位和个人应当按照国务院规定的期限，停止生产、进口、销售含铅汽油。"第四十五条规定："国家鼓励、支持消耗臭氧层物质替代品的生产和使用，逐步减少消耗臭氧层物质的产量，直至停止消耗臭氧层物质的生产和使用。"此外，《中华人民共和国固体废物污染环境防治法》第四条、《中华人民共和国清洁生产促进法》第四条、《中华人民共和国自然保护区条例》第四条等法律法规的规定也涉及环境行政指导。

现实中，行政机关在进行环境行政指导的过程中也可能出现违法行为、不当行为，从而对合法权益产生损害。但由于《中华人民共和国行政诉讼法》没有对行政指导行为能否提起诉讼作明确规定，目前，对这类损害的发生如何救济法律上还存在空白。

十一　突发环境事件应急预案制度

突发环境事件应急预案制度，是指为了及时应对突发环境事件，由政府事先编制突发环境事件的应急预案，在发生或可能发生突发环境事件时，启动该应急预案以最大限度地预防和减少其可能造成的危害等法律规定的总称。

《国家突发环境事件应急预案》对突发环境事件实行分级管理。按照突发事件的严重性和紧急程度，将突发环境事件分为特别重大环境事件（Ⅰ级）、重大环境事件（Ⅱ级）、较大环境事件（Ⅲ级）和一般环境事件（Ⅳ级），并为每一级环境事件制定了相应的响应机制。

突发环境事件通常需要全社会和政府各部门协调一致和共同参与，企业和公民应当从信息报告、响应程序和后期处理全过程积极配合政府，力争做到防止突发环境事件发生，在突发环境事件发生时及时采取有效措施，将损害降低到最小。

表5　《国家突发公共事件总体应急预案》规定的六个预案等级

突发公共事件总体应急预案	国务院应对特别重大突发公共事件的规范性文件
突发公共事件专项应急预案	国务院及其有关部门为应对某一类型或某几种类型突发公共事件的规范性文件
突发公共事件部门应急预案	国务院有关部门根据总体应急预案、专项应急预案和部门职责为应对突发公共事件制定的预案
突发公共事件地方应急预案	地方人民政府和各部门制定的应急预案
企事业单位根据有关法律法规制定的应急预案	
举办大型会展和文化体育等重大活动，主办单位制定的应急预案	

表6　　　　　　　　　　突发环境事件的分级

分级	事件描述
Ⅰ级	（1）发生30人以上死亡，或中毒（重伤）100人以上； （2）因环境事件需疏散、转移群众5万人以上，或直接经济损失1000万元以上； （3）区域生态功能严重丧失或濒危物种生存环境遭到严重污染； （4）因环境污染使当地正常的经济、社会活动受到严重影响； （5）利用放射性物质进行人为破坏事件，或1、2类放射源失控造成大范围严重辐射污染后果； （6）因环境污染造成重要城市主要水源地取水中断的污染事故； （7）因危险化学品（含剧毒品）生产和贮运中发生泄漏，严重影响人民群众生产、生活的污染事故。
Ⅱ级	（1）发生10人以上、30人以下死亡，或中毒（重伤）50人以上、100人以下； （2）区域生态功能部分丧失或濒危物种生存环境受到污染； （3）因环境污染使当地经济、社会活动受到较大影响，疏散转移群众1万人以上、5万人以下的； （4）1、2类放射源丢失、被盗或失控； （5）因环境污染造成重要河流、湖泊、水库及沿海水域大面积污染，或县级以上城镇水源地取水中断的污染事件。

分级	事件描述
Ⅲ级	（1）发生3人以上、10人以下死亡，或中毒（重伤）50人以下； （2）因环境污染造成跨地级行政区域纠纷，使当地经济、社会活动受到影响； （3）3类放射源丢失、被盗或失控。
Ⅳ级	（1）发生3人以下死亡； （2）因环境污染造成跨县级行政区域纠纷，引起一般群体性影响的； （3）4、5类放射源丢失、被盗或失控。

★ 典型案例

案例30：夏某环境监管失职罪案[①]

【案情简介】

被告人夏某，男，47岁，曾是江苏省盐城市盐都区环境监察局四分局局长。因涉嫌犯环境监管失职罪，于2009年3月3日被刑事拘留，同年3月17日被逮捕。

2009年2月12日，盐城市盐都区环境监察局将关于"盐城市标新化工有限公司废水未经处理直接外排，春节放假期间废水都排入河中，严重污染河水，味道也很刺鼻"的群众举报信访件交四分局查处。

2009年2月16日上午，被告人夏某与区环境监察局副局长蔡某（另案处理）等人到标新化工公司董事长胡某办公室内，告诉胡某有群众举报其公司外排废水后，在未到现场勘察的情况下，伪造了1份内容为"该公司氯代醚酮产品生产正常，冷却水经收集循环利用，钾盐水收集处理"的现场监察记录。

2009年2月20日，由于标新化工公司继续排放在生产氯代醚酮过程中产生的含有毒有害物质的钾盐废水，导致发生盐城市区"2·20"重大污染事故，造成盐城市城西和越河西水厂生活饮用水地表水

[①] 王勇：《他因何被判环境监管失职罪？》，中国环境网（http://www.cenews.com.cn/fzxw/201007/t20100726_661993.html）。

源和盐城市区自来水供水管网严重污染,市区 20 余万居民生活饮用水停水 66 小时 40 分钟,造成直接经济损失 543.21 万元。

江苏省盐城市盐都区人民检察院以被告人夏某犯环境监管失职罪向盐城市盐都区人民法院提起公诉。被告人夏某对公诉机关指控的基本事实予以供认,请求从轻处罚。盐城市盐都区人民法院审理后认为,被告人夏某作为负有环境保护监督管理职责的国家机关工作人员,严重不负责任,导致发生重大环境污染事故,致使公私财产遭受重大损失,其行为已触犯刑律,构成环境监管失职罪。公诉机关指控被告人夏某犯环境监管失职罪罪名成立。辩护人提出的造成"2·20"重大污染事故的根本原因系标新化工公司偷排有毒有害物质的辩护意见,并不能成为被告人夏某的免责理由,不予采纳。鉴于被告人夏某对公诉机关指控的基本事实供认,可酌情从轻处罚。

盐都区人民法院依照《中华人民共和国刑法》第四百〇八条、全国人民代表大会常务委员会《关于〈中华人民共和国刑法〉第九章渎职罪主体适用问题的解释》之规定,于 2009 年 12 月 20 日判决被告人夏某犯环境监管失职罪,判处有期徒刑两年。

宣判后,被告人夏某不服,以一审辩护理由提出上诉。盐城市中级人民法院经过二审审理,驳回上诉,维持原判。

【案件评析】

《中华人民共和国环境保护法》第四十五条规定:"环境保护监督管理人员滥用职权、玩忽职守、徇私舞弊的,由其所在单位或者上级主管机关给予行政处分;构成犯罪的,依法追究刑事责任。"环境监管失职罪,是指负有环境保护监督管理职责的国家机关工作人员严重不负责任导致发生重大环境污染事故,致使公私财产遭受重大损失或者造成人身伤亡的严重后果的行为。本案争议的焦点,系被告人夏某辩护人以造成"2·20"重大污染事故的根本原因系标新化工公司偷排有毒有害物质,提出夏某的免责理由是否成立。

标新化工公司偷排有毒废水的行为,确系造成"2·20"重大污染事故的根本原因,但被告人夏某身为负有环境监管职责的人员,未按规定的监管频次、监管内容等正确履行环境监管职责。夏某对其辖区内重点污染源——位于盐城市区饮用水水源二级保护区内的标新化工公司，日常监管未能按照《环境监理工作程序（试行）》等规定，结合这家公司情况进行严格的现场监察。2008年8月—2009年2月20日，其对标新化工公司现场监察达不到《环境监理工作制度（试行）》规定的每月至少一次的频次要求，未能及时发现这家公司长期外排含高浓度挥发酚的钾盐废水。特别是在处理涉及环境污染信访举报过程中，仍未引起足够重视并正确履行监管职责，而采用伪造现场监察记录的方式敷衍了事，使得造成重大环境污染的危险状态未得到有效处置。

夏某主观上不想发生重大污染事故，但其在对标新化工公司进行环境监管期间严重不负责任的工作态度，是导致重大环境污染事故的重要原因，其玩忽职守的情形十分明显，故其辩护人提出的被告人夏某免责理由不能成立。

案例31：山西苯胺泄漏事故案

【案情简介】

2012年12月31日山西长治市潞安市山西T煤化工集团股份有限公司发生一起苯胺泄漏事故。2013年1月5日下午，山西省政府接到报告称：2012年12月31日7时40分，位于长治市潞城市的潞安T煤化工集团苯胺罐区因输送软管破裂发生泄漏，随浊漳河流出省外，经过初步核查泄漏量约8.7吨。长治市市长张保称，T集团最初上报给长治市环保部门的苯胺泄漏量仅为1—1.5吨，这个泄漏量可以由企业和环保部门自行处置。而此后5天企业和政府都在"专心治污"。但是到1月5日，T集团上报说泄漏了8.68吨苯胺，长治市政府才在当天下午5时报告陕西省政府，继而上报国务院，通报河北、河南省。

经初步核查，当时泄漏总量约为38.7吨，发现泄漏后，有关方面同时关闭管道入口出口，并关闭了企业排污口下游的一个干涸水库，截留了30吨的苯胺，另有8.7吨苯胺排入浊漳河。此次苯胺泄漏事故，受到影响的山西境内河道长约80公里，平顺县和潞城市28

个村、2万多人受到波及。受上游山西境内水污染影响，河北省邯郸市区从5日下午突发大面积停水。此外，浊漳河从山西出来之后主要流经是河南安阳西部一带，包括林州地区，特别是林州地区的著名水利工程红旗渠的用水全部来自浊漳河。

2013年1月5日，山西省委、省政府高度重视，立即启动应急预案，成立了省级应急处置小组，启动了事故调查处置工作，要求长治市和有关部门尽快采取有效措施，封堵源头，清理污染物，加强对污染物的全面检测，防止有新的污染物向下游扩散，积极做好与兄弟省市的沟通、协助、预警工作，共同处理好这起泄漏事故。此外，4名直接责任人：T集团方元公司总经理陈某、安全生产副总经理任某、储运车间主任程某、副主任宋某被撤职处理。待事故调查结束后，再进一步追究相关人员责任。

【案件评析】

本案最大的疑点在于：苯胺泄漏事故发生在12月31日，而5天之后，长治市政府才向陕西省报告事故，此次泄漏事故是否存在瞒报迟报？

我们可以梳理一下此次苯胺泄漏事故信息报送的路线和时间：2012年12月31日7时30分T集团发现苯胺泄漏—2012年12月31日18时长治市环保局接到报告泄漏苯胺1—1.5吨，决定自行处理—2013年1月5日上午陕西省环保厅接到国家环保部的通报—2013年1月5日11时，T集团向长治市环保局报告苯胺泄漏达8.68吨—2013年1月5日17时长治市书面向省政府报告，省政府随即报告给国务院。

本案所反映的主要问题有：

1. 突发环境事件报告"1小时逐级报告制"。

根据《国家突发环境事件应急预案》4.3.1条的规定："突发环境事件责任单位和责任人以及负有监管责任的单位发现突发环境事件后，应在1小时内向所在地县级以上人民政府报告，同时向上一级相关专业主管部门报告，并立即组织进行现场调查。紧急情况下，可以越级上报。负责确认环境事件的单位，在确认重大（Ⅱ级）环境事件后，1小时内报告省级相关专业主管部门，特别重大（Ⅰ级）环境事件立即报告国务院相关专业主管部门，并通报其他相关部门。地方各级人民政府应当在接到报告后1小时内向上一级人民政府报告。省级人民政府在接到报告后1小时内，向国务院及国务院有关部门报告。重大（Ⅱ级）、特别重大（Ⅰ级）突发环境事件，国务院有关部门应立即向国务院报告。"

按照上述1小时逐级报告制的要求，本案中苯胺泄漏事故发生在2012年12月31日7时30分，按照T集团—长治市环保局—陕西省环保厅—国务院主管部门逐级上报的要求，国务院主管部门最迟应当在12月31日10时30分就应当接到事故通报，而事实是，山西省政府直到2013年1月5日17时才正式书面上报国务院，本次事故的信息通报程序显然是不符合法律规定的。

2. 突发环境事件报告方式与内容。

根据《国家突发环境事件应急预案》4.3.2条的规定，突发环境事件的报告分为初报、续报和处理结果报告三类。初报从发现事件后起1小时内上报；续报在查清有关基本情况后随时上报；处理结果报告在事件处理完毕后立即上报。

本案中T集团在事故发生5天后向长治市环保局报告泄漏苯胺不是之前报告的1—1.5吨，而是高达8.68吨。T集团是故意瞒报，还是调查疏忽事后续报？地方政府是否对污染事故的严重性认识不足？

3. 案例延伸：两高最新司法解释——对突发环境事件从重处罚。

2013年6月18日，最高人民法院、最高人民检察院公布了《最高人民法院、最高人民检察院关于办理环境污染刑事案件适用法律若干问题的解释》（下称《解释》）。《解释》规定了对于环境污染犯罪的四种情形应当酌情从重处罚，其中第一种情形即为"阻挠环境监督检查或者突发环境事件调查"。

第三章

环境行政执法的理论与实践——与执法者同行

第一节 环境行政执法概述

一 环境行政执法的概念

执法是指法的使用，或者叫法的贯彻实施。它是由国家机关及其公职人员依职权范围，把法律规范适用于具体社会关系的国家职能活动。执法是建设社会主义法治国家和法治社会的重要步骤，是立法和守法的联系纽带，它的概念有广义和狭义之分。从广义上讲，执法是指所有国家管理机关和受法律授权委托组织及其公职人员依照法律法规和职权范围及程序实施法律的活动。从狭义上讲，执法是指国家行政机关和受法律授权委托组织及其公职人员依法行使法律赋予的权力、实施国家公权力的活动。狭义的执法称为行政执法。据此，环境行政执法，是指国家环境行政机关和受法律授权委托组织及其公职人员根据法律赋予或授权的方式，实施环境监督管理，并依照法律赋予权力的方式或步骤执行环境法律法规，直接强制地影响行政相对人权利义务关系的具体行政行为。环境行政执法又可以分为环境保护行政主管部门的行政执法和环境保护相关部门的行政执法。

二 环境行政执法的特征

环境行政执法的特征是其区别其他行政行为的基本标志。具体来讲，环境行政执法具有以下特点：

(1) 环境行政执法具有单方性。即环境行政执法主体可自行决定或直接实施执法行为，而无须与环境行政相对人协商或征得相对人的同意。

（2）环境行政执法主体具有多部门性。有权从事环境行政执法的部门，除了各级人民政府、环境行政主管部门外，还有许多相关部门。如农业、林业、渔业、公安等部门。正因为环境行政执法多部门性的特点，所以环境行政执法特别强调各部门之间的协调性和配合性。

（3）环境行政执法手段具有多样性。其手段包括环境行政许可、环境行政调解、环境行政处罚、环境行政强制措施与环境行政强制执行、环境行政征收、环境行政补偿与环境行政赔偿、环境行政指导等。一些国家环境行政执法与刑事责任相结合产生了环境行政刑法制度。另外，由于环境法的科学技术性特点，环境行政执法手段具有很高的技术性要求，因此执法人员应具有一定的环境科学技术知识。

（4）环境行政执法具有超前性。即环境行政执法在许多情况下不是在环境被污染或破坏的危害结果发生之后，而是在其发生之前进行的。这种执法的超前性经常表现为通过行政制裁及时制止危害环境后果的发生。

三　环境行政执法的原则

（1）合法性原则。即环境行政执法主体必须是依法组成的或依授权执法的环境行政机关或特定组织，其执法必须在法定权限内进行，执法内容与执法程序都必须合法。

（2）合理性原则。即环境行政执法主体的执法行为必须公允适当、具有合理性，只能根据违法行为的情节轻重、后果大小选择处罚的标准，合理使用自由裁量权。

（3）效率性原则。即环境行政执法主体的执法行为应讲求效率，在行使执法权时要以尽量短的时间、尽可能少的人员，办理尽可能多的事务。

（4）公正性原则。即环境行政执法主体必须对任何单位和个人所依法享有的环境权利给予同等的保护，同时对其环境违法行为也要平等地加以追究和制裁。①

---

① 黄媛媛：《我国环境行政执法难的现状和对策研究》，硕士学位论文，复旦大学，2008年，第9页。

★ 相关法条

《中华人民共和国行政许可法》	◆ 第四条 设定和实施行政许可，应当依照法定的权限、范围、条件和程序。 ◆ 第五条 设定和实施行政许可，应当遵循公开、公平、公正的原则。 有关行政许可的规定应当公布；未经公布的，不得作为实施行政许可的依据。行政许可的实施和结果，除涉及国家秘密、商业秘密或者个人隐私的外，应当公开。 符合法定条件、标准的，申请人有依法取得行政许可的平等权利，行政机关不得歧视。 ◆ 第六条 实施行政许可，应当遵循便民的原则，提高办事效率，提供优质服务。
《中华人民共和国行政处罚法》	◆ 第四条 行政处罚遵循公正、公开的原则。 设定和实施行政处罚必须以事实为依据，与违法行为的事实、性质、情节以及社会危害程度相当。 对违法行为给予行政处罚的规定必须公布；未经公布的，不得作为行政处罚的依据。

第二节　环境行政执法的主体及相对人

一　环境行政执法主体

环境行政执法主体是环境行政机关和法律、法规授权的组织。按照我国现行法律、法规的规定，环境行政执法主体有以下几种类型：

（1）各级人民政府。各级政府主要行使对经济发展和社会生活有重大影响的环境行政执法权。例如，责令限期治理、责令企事业单位停产停业和采取强制性应急措施等。

（2）环境行政主管部门。大量的、重要的环境行政执法职责都是由环境行政主管部门履行的，这是由其工作性质决定的，因此它也是最重要的环境行政执法主体。

（3）环境保护法律、法规授权对某些方面的污染防治实施监督管理的有关部门，如国家海洋行政主管部门、港务监督、渔政渔港监督、军队环境保护部门和各级公安、交通、铁路、民航管理部门等。

这一类机构不是专门性的环境行政执法主体,而只是依照法律、法规的特别授权,在与自身业务相关的范围内对环境污染防治行使监督管理权。

(4) 环境保护法律、法规授权对某些方面的资源保护实施监督管理的部门,如县级以上人民政府的土地、矿产、林业、农业、水利行政主管部门等。这类机关也不是专门的环境行政执法主体,而是在与自身业务相关的范围内对资源保护行使监督管理权。

(5) 除上述四类机构外,其他一些政府行政职能部门,如卫生、市政管理、市容环境卫生、园林、文物保护、核安全等部门,也负有某些环境行政执法的职责。

(6) 其他国家机关、社会团体、企事业单位,如环境保护协会、环境监测站、企业内部的环保机构等,经法律、法规的特别授权或受行政机关的委托,也可以从事环境行政执法活动,而且地方人民政府根据地方性法规的规定或地方国家权力机关的决议,可以设立一些在环境保护方面享有行政执法权的机构或临时性机构,如环境监察大队等。

★相关法条

《中华人民共和国环境保护法》	◆ 第十条 国务院环境保护行政主管部门,对全国环境保护工作实施统一监督管理;县级以上地方人民政府环境保护行政主管部门,对本行政区域的环境保护工作实施统一监督管理。 县级以上人民政府有关部门和军队环境保护部门,依照有关法律的规定对资源保护和污染防治等环境保护工作实施监督管理。
《环境行政处罚办法》	◆ 第十四条 县级以上环境保护主管部门在法定职权范围内实施环境行政处罚。 经法律、行政法规、地方性法规授权的环境监察机构在授权范围内实施环境行政处罚,适用本办法关于环境保护主管部门的规定。 ◆ 第十五条 环境保护主管部门可以在其法定职权范围内委托环境监察机构实施行政处罚。受委托的环境监察机构在委托范围内,以委托其处罚的环境保护主管部门名义实施行政处罚。 委托处罚的环境保护主管部门,负责监督受委托的环境监察机构实施行政处罚的行为,并对该行为的后果承担法律责任。

续表

《中华人民共和国大气污染防治法》	◆ 第四条 县级以上人民政府环境保护行政主管部门对大气污染防治实施统一监督管理。 各级公安、交通、铁道、渔业管理部门根据各自的职责，对机动车船污染大气实施监督管理。 县级以上人民政府其他有关主管部门在各自职责范围内对大气污染防治实施监督管理。
《中华人民共和国水污染防治法》	◆ 第八条 县级以上人民政府环境保护主管部门对水污染防治实施统一监督管理。 交通主管部门的海事管理机构对船舶污染水域的防治实施监督管理。 县级以上人民政府水行政、国土资源、卫生、建设、农业、渔业等部门以及重要江河、湖泊的流域水资源保护机构，在各自的职责范围内，对有关水污染防治实施监督管理。
《中华人民共和国环境噪声污染防治法》	◆ 第六条 国务院环境保护行政主管部门对全国环境噪声污染防治实施统一监督管理。 县级以上地方人民政府环境保护行政主管部门对本行政区域内的环境噪声污染防治实施统一监督管理。 各级公安、交通、铁路、民航等主管部门和港务监督机构，根据各自的职责，对交通运输和社会生活噪声污染防治实施监督管理。
《中华人民共和国固体废物污染环境防治法》	◆ 第十条 国务院环境保护行政主管部门对全国固体废物污染环境的防治工作实施统一监督管理。国务院有关部门在各自的职责范围内负责固体废物污染环境防治的监督管理工作。 县级以上地方人民政府环境保护行政主管部门对本行政区域内固体废物污染环境的防治工作实施统一监督管理。县级以上地方人民政府有关部门在各自的职责范围内负责固体废物污染环境防治的监督管理工作。 国务院建设行政主管部门和县级以上地方人民政府环境卫生行政主管部门负责生活垃圾清扫、收集、贮存、运输和处置的监督管理工作。

二 环境行政执法相对人

环境行政执法相对人是指在具体环境管理关系中处于被管理者地位的、与环境行政执法主体相对应的一方当事人。环境行政执法相对人并不是单纯指某一个人，我国境内的一切组织和个人都可能成为环境行政执法的相对方，包括国家机关、企事业单位、社会团体及其他社会组织、中国公民、外国组织或者个人。①

★ **典型案例**

案例32：某环保局对某浴室行政处罚申请强制执行案

【案情简介】

某单位为便利职工生活在单位内部设立了浴室，隶属于某单位的内设机构，为了管理之便，由个人承包经营。某环保局在监督检查中认为该浴室排污水、燃原煤的行为违反了环保法律规范的强制性规定，依照有关法律规定，对该浴室作出罚款的行政处罚，并在法定期间内申请法院强制执行。根据《最高人民法院关于执行〈中华人民共和国行政诉讼法〉若干问题的解释》的相关规定，非诉行政执行案件进入人民法院审查程序后，人民法院应当按照合法性审查原则对申请执行的具体行政行为合法性进行审查，对符合执行条件的，裁定准予强制执行；对不符合执行条件的，裁定不准予执行。法院经过公开听证程序的审查，认为单位内设机构的浴室并不具有法律主体资格，其既没有法律授权的民事行为能力和民事权利能力，也不符合有关法律关于无照经营主体的认定条件。环保局将其作为使用原煤、排污水违法行为法律责任的承担主体，没有法律依据，属于行政行为相对人主体认定错误，处罚无效，决定不予强制执行。②

【案件评析】

环保局作为环境违法行为监督检查和处罚的行政执法主体，其在进行行政处罚时首要的问题是行政相对人主体性质的认定和主体的确认。对于行政相对人主体性质的认定将直接影响到整个行政案件的处罚是否正确、合法。在本案中，法院决定是否予以强制执行的关键就在于某浴室是否是适格的行政相对人。

---

① 周珂主编：《环境与资源保护法》，中国人民大学出版社2007年版，第199—201页。

② 蓝天白云：《行政处罚相对人主体确认要准确——通过对一起非诉行政执行案件的审查谈行政处罚相对人主体确认问题》，法律博客（http://blog.chinacourt.org/wp-profile1.php?p=114179）。

根据《中华人民共和国行政处罚法》第三条以及《环境行政处罚办法》第二条的规定："公民、法人或者其他组织违反环境保护法律、法规或者规章规定，应当给予环境行政处罚的，应当依照《中华人民共和国行政处罚法》和本办法规定的程序实施。"据此可以将行政相对人主体性质分为公民、法人、其他组织。另外，根据《中华人民共和国环境保护法》第六条规定"一切单位和个人都有保护环境的义务"，从这个规定来看，行政相对人，可以分为个人和单位。

首先，从我国行政法律规范的规定看，"公民"是指具有行政责任能力的自然人。《中华人民共和国行政处罚法》第二十五条和第二十六条规定，具有行政责任能力的自然人是指年满14周岁，能够正确辨认和控制自己行为的自然人。对于未满14周岁的人和不能辨认或者不能控制自己行为的精神病人应当排除在外，不能对其进行行政处罚。个体工商户、个人合伙、农村承包经营户也属于公民或者个人的范围。

其次，关于法人的界定，一般而言，区分为机关、事业法人、社团法人和企业法人。法人是指具有民事权利能力和民事行为能力，依法独立享有民事权利承担民事义务的组织。依照《民法通则》和其他法律的规定，我国的企业法人分为全民所有制企业法人、集体所有制企业法人、私营企业法人以及中外合资经营企业法人、中外合作经营企业法人和外资企业法人等。根据《中华人民共和国公司法》的规定，企业法人又主要分为公司法人和非公司法人。如果该企业或者组织未经核准登记其依然不能称为法人。

最后，其他组织，是我国民事主体和民事诉讼主体制度中的一个特有概念。根据《最高人民法院关于执行〈中华人民共和国行政诉讼法〉若干问题的解释》第九十七条，人民法院审理行政案件，除依照《中华人民共和国行政诉讼法》和本解释外，可以参照民事诉讼的有关规定。同理，行政处罚行政相对人主体可以参照《中华人民共和国民事诉讼法》相关规定，根据《最高人民法院关于适用〈中华人民共和国民事诉讼法〉若干问题的意见》第40条对其所作的司法解释，其他组织是指合法成立、有一定的组织机构和财产，但又不具备法人资格的组织。包括私营独资企业、合伙组织；合伙型联营企业；中外合作经营企业、外资企业；社会团体；营业法人的分支机构；中国人民银行、各专业银行的分支机构；中国人民保险公司的分支机构；乡镇、街道、村办企业以及其他组织等。所有这些"其他组织"，都经登记并领取营业执照或社会团体登记证。

在本案中，该单位的浴室没有经过工商机关核准登记，也不是独立的无证经营单位，不具有法律主体资格。环保局将其作为使用原煤、排污水违法行为法律责任的承担主体，属于行政行为相对人主体认定错误，应由某单位作为行政相对人承担相应的行政责任。

★ 相关法条

《环境行政处罚办法》	◆ 第二条 公民、法人或者其他组织违反环境保护法律、法规或者规章规定，应当给予环境行政处罚的，应当依照《中华人民共和国行政处罚法》和本办法规定的程序实施。
《中华人民共和国行政处罚法》	◆ 第三条 公民、法人或者其他组织违反行政管理秩序的行为，应当给予行政处罚的，依照本法由法律、法规或者规章规定，并由行政机关依照本法规定的程序实施。 没有法定依据或者不遵守法定程序的，行政处罚无效。 ◆ 第二十五条 不满十四周岁的人有违法行为的，不予行政处罚，责令监护人加以管教；已满十四周岁不满十八周岁的人有违法行为的，从轻或者减轻行政处罚。 ◆ 第二十六条 精神病人在不能辨认或者不能控制自己行为时有违法行为的，不予行政处罚，但应当责令其监护人严加看管和治疗。间歇性精神病人在精神正常时有违法行为的，应当给予行政处罚。

★ 典型案例

案例33：某市环保局对B包装材料有限公司环境行政处罚案

【案情简介】

某市工业园内的A机械厂2007年10月取得了环评审批，同年A机械厂根据环评批复办理了工商登记，核定的经营范围为机械加工，同时A机械厂也办理了用地手续。2008年正当项目建设时，全球性的金融危机发生了，A机械厂的产品市场环境发生了变化，于是，A机械厂停止了建设，A机械厂股东又重新注册了B包装材料有限公司，营业执照登记的经营范围是PE保护膜制造、加工及销售。B项目地址为A项目原址，投资人仍为原A项目的投资人，只是经营范围发生了变化。A机械厂和B包装材料有限公司同属某物流公司的下属企业，两企业都具备独立的法人资格（法定代表人为同一个人，也是某物流公司的法定代表人）。B包装材料有限公司PE保护膜制造、加工项目于2009年5月开工建设，同年8月投入试生产。

  2009年6月，某市环保局在对建设项目"三同时"执行情况进行检查时，发现B包装材料有限公司PE保护膜制造、加工项目在未重新报批相关环评文件的情况下擅自开工建设，于同年6月29日对B包装材料有限公司下达了《环境保护违法行为限期改正通知书》，要求B包装材料有限公司7月29日前改正违法行为，补办PE保护膜制造、加工项目的环境影响评价审批手续。同年8月3日，某市环保局在当事人既未取得该项目的审批文件，又无法定的免责理由的情况下，下达《行政处罚事先告知书》和《行政处罚听证告知书》，并口头和书面告知了申请人有陈述申辩权、申请听证权等权利。B包装材料有限公司在收到某市环保局的《行政处罚事先告知书》和《行政处罚听证告知书》后，第二天向某市环保局提出了补办环评审批手续的口头申请，但并未提交该项目的环境影响评价文件。在规定的时间内，B包装材料有限公司没有提供能免予处罚的法定理由，也未在规定的时间内提出听证申请，某市环保局遂依据《中华人民共和国环境影响评价法》第二十二条第一款和第三十一条第一款，对B包装材料有限公司作出了立即停止建设、补办环评审批手续和罚款5万元的行政处罚决定，同年9月15日，某市环保局将处罚决定书送达给了当事人。2009年9月21日，B包装材料有限公司以A机械厂已办理环评审批手续和处罚金额畸重为由，向某市市政府申请行政复议。

【案件评析】

  在本案中，环境执法部门做出行政处罚，有三个关键点：一是环保局是否是适格的行政处罚主体，行政处罚程序是否合法；二是公司分立、合并及新设公司后如何确定正确的行政相对人；三是在行政处罚过程中，如何符合行政执法的合理性原则，确定自由裁量幅度。对本案的分析具体如下：

第一，环境处罚主体适格，程序合法。某市环保局依据该省关于建设项目环评审批权限的规定，对该项目有审批权，因此，某市环保局是实施该行政处罚的主体。在行政执法过程中，执法人员依法向申请人下达了《环境保护违法行为限期改正通知书》、《行政处罚事先告知书》和《行政处罚听证告知书》，并口头和书面告知了申请人有陈述申辩权、申请听证权等权利。由于当事人未申请听证，听证期限过后，某市环保局作出了行政处罚决定，该行政处罚程序合法。

第二，认定B包装材料有限公司PE保护膜制造、加工项目为新建项目是否有依据？谁是承担该违法行为的责任主体？虽然A机械厂和B包装材料有限公司的法定代表人、出资的股东、住所都相同，但从A机械厂和B包装材料有限公司工商登记注册情况看，并不能改变两者是两个独立的企业法人的法律事实。而且B包装材料有限公司PE保护膜制造、加工项目虽是在A机械厂原址上建设，厂房未作大的改动、部分生产设备相同，但PE保护膜制造、加工项目有部分生产设备A机械厂机械加工项目中没有，其环评报告也未对这部分设备对环境造成的影响作出评价。显然这两个项目不只是建设单位名称发生变化的问题，应由B包装材料有限公司独立承担PE保护膜制造、加工项目的违法责任。某市环保局据此认定B包装材料有限公司违反了《中华人民共和国环境影响评价法》第二十二条第一款之规定，定性是准确的。

第三，下达《行政处罚事先告知书》和《行政处罚听证告知书》后，作出行政处罚决定前，当事人提出补办建设项目的环境影响评价审批手续，是否能给予处罚？处以5万元罚款是否畸重？环保局对当事人进行立案调查并在查明事实的基础上，向当事人依法下达《行政处罚事先告知书》和《行政处罚听证告知书》后，已进入处罚程序，当事人能积极申请补办有关环评审批手续，有改正违法行为的行动，在自由裁量时可从轻处罚，但不能完全免除其应承担的环境行政法律责任。环保局的处罚符合《环境保护行政处罚办法》第三条和第七条第一款第三项的规定,而且处以 5 万元的罚款是《中华人民共和国环境影响评价法》第三十一条第一款规定的处罚下限,自由裁量幅度合理。

★相关法条

《中华人民共和国环境影响评价法》	◆ 第二十二条第一款 建设项目的环境影响评价文件,由建设单位按照国务院的规定报有审批权的环境保护行政主管部门审批;建设项目有行业主管部门的,其环境影响报告书或者环境影响报告表应当经行业主管部门预审后,报有审批权的环境保护行政主管部门审批。 ◆ 第三十一条第一款 建设单位未依法报批建设项目环境影响评价文件,或者未依照本法第二十四条的规定重新报批或者报请重新审核环境影响评价文件,擅自开工建设的,由有权审批该项目环境影响评价文件的环境保护行政主管部门责令停止建设,限期补办手续;逾期不补办手续的,可以处五万元以上二十万元以下的罚款,对建设单位直接负责的主管人员和其他直接责任人员,依法给予行政处分。

第三节 环境行政执法的方式和程序

环境行政执法方式是指环境行政执法主体为了贯彻执行环境法律、法规所采取的手段、方法和措施。在我国,环境执法方式主要包括环境行政许可、环境行政调解、环境行政征收、环境行政处罚、环境行政强制执行、环境行政监督检查等。环境行政执法必须依照法定的程序进行。环境行政执法程序可以分为一般程序和简易程序。一般程序是指适用于正常和重大环境行政执法行为的程序,其特点是比较正规、完整和由法律明确规定。简易程序是指适用于特定和轻微环境行政执法行为的程序,其特点是不够正规、不够完整、简单易行。环境行政执法程序主要包括环境行政许可程序、环境行政监督检查程序、排污收费程序和环境行政处罚程序等。

一 环境行政许可

环境行政许可是指有环境许可权的环境行政主体根据环境管理相对人的申请,经过依法审查,准予符合法定条件的环境管理相对人从事特定活动的行为。有环境许可权的环境行政主体主要是指环境行政主管部门和负有部分环境管理职责的行政部门；环境行政许可的对象是环境管理的相对人，包括公民、法人和其他组织。根据我国现行环境法律、法规，我国的环境行政许可主要有以下两类：

第一，防止环境污染许可。包括污染物排放许可和经营对环境有害物质的许可。前者如水污染物排放许可、大气污染物排放许可、海洋倾倒废物许可；后者包括危险废物经营许可、化学危险品经营许可、农药生产许可等。

第二，资源开发利用许可。资源开发利用许可又可以分为三类：一是资源开发许可，如林木采伐许可、采矿许可等；二是资源利用许可，例如土地使用许可、取水许可等；三是资源进出口许可，如野生动植物进出口许可等。

环境行政许可应当遵循《中华人民共和国行政许可法》规定的一般原则和程序，同时也应当严格按照我国环境法律、法规规定的权限和程序进行。

★ 相关法条

《中华人民共和国行政许可法》	◆ 第二条 本法所称行政许可，是指行政机关根据公民、法人或者其他组织的申请，经依法审查，准予其从事特定活动的行为。

★ 典型案例

案例 34：任某等诉哈尔滨市 D 区环保局行政许可行为纠纷案

【案情简介】

哈尔滨神鱼生态酒店与任某等所住的居民居住区相邻。2005 年 9 月 18 日哈尔滨神鱼生态酒店到哈尔滨市 D 区环境保护局申请颁发《临时排放污染物许可证》，D 区环境保护局经审查向神鱼生态酒店颁发了《临时排放污染物许可证》，有效期为一年。颁证时神鱼生态酒店安装了专用烟道。后因任某等人向 D 区环境保护局投诉神鱼生态酒店及其他酒店有关油烟污染环境并影响居民正常生活的问题，哈尔滨 D 区环保局限期哈尔滨神鱼生态酒店整改。哈尔滨市环境监测中心对哈尔滨神鱼生态酒店油烟排放浓度进行监测，结论表明：该油烟排放浓度达到国家饮食油烟排放标准。2006年6月6日哈尔滨D区环保局作出《关于神鱼生态酒店污染问题的处理意见书》，认为哈尔滨神鱼生态酒店的排污符合《哈尔滨市居民居住环境保护条例》第十四条的规定。任某等人不服向哈尔滨市环境保护局提出复议。2006年7月13日，哈尔滨市环境保护局作出哈环复决字［2006］第1号行政复议决定：维持哈尔滨D区环保局对哈尔滨神鱼生态酒店的环境验收。任某等人不服，诉至黑龙江省哈尔滨市D区人民法院，要求撤销哈尔滨D区环保局为哈尔滨神鱼生态酒店颁发的《临时排放污染物许可证》。被告也提出了相应的答辩意见，提供了证据，证明神鱼生态酒店排放的油烟浓度达到了《饮食业油烟排放标准》（GB18483—2001）规定的油烟排放标准。法院经审理认定，被告行政行为合法，依据充分。

【案件评析】

环境行政许可是指环境行政执法主体依当事方申请，就可能对环境产生消极影响的开发建设或排污行为进行审查并决定是否给予许可的一种具体行政行为。

1. 环境行政许可的类型。

环境行政许可是环境行政执法中运用非常广泛的一项执法管理形式，具有针对性和灵活性。本案中哈尔滨神鱼生态酒店向哈尔滨市D区环境保护局申请颁发《临时排放污染物许可证》，属于排污许可的一种。排污许可证分为两种，一种为排污许可证；另一种为临时排污许可证。审批手续完善、环保设施齐全、运行正常、排污筒（口）规范，已通过达标验收的排污单位，领到的是排污许可证，有效期是三年，如果是审批后，批准试生产的企业或者是限期治理期间的企业，领到的是临时排污许可证，临时排污许可证的有效使用期限是3个月至1年，最长不得超过一年。哈尔滨神鱼生态酒店所取得的排污许可属于临时许可，有效期只有一年。

2. 排污许可的取得与撤销。

要特别强调的是，排污单位领到排污许可证不是一劳永逸的，还存在重新申领和年检的问题，重新申领要求：1. 排污单位在排污许可证或者临时排污许可证有效使用期限届满后，需要继续排放污染物的，要在限期届满之日起 15 日内重新申领排污许可证。根据相关法律、法规的规定，被告有颁发《临时排放污染物许可证》法定职权。被告向第三人颁发的《临时排放污染物许可证》并不是单指排放废气，还有废水、噪声，且第三人在颁证时已安装专用烟道，经被告限期整改安装了油烟净化器。故被告作出的行政许可行为并无不当。

二　环境行政征收

行政征收主要是指征收税费，我国环境行政征收的税费范围主要包括两类：一是与环境污染防治有关的税费，主要是各类排污费等；二是与资源开发利用有关的税费征收，如各类资源税、自然资源使用费、自然资源补偿费、自然资源管理费等。

★相关法条

《中华人民共和国环境保护法》	◆ 第四十三条 排放污染物的企业事业单位和其他生产经营者，应当按照国家有关规定缴纳排污费。排污费应当全部专项用于环境污染防治，任何单位和个人不得截留、挤占或者挪作他用。 依照法律规定征收环境保护税的，不再征收排污费。
《中华人民共和国水污染防治法》	◆ 第二十四条 直接向水体排放污染物的企业事业单位和个体工商户，应当按照排放水污染物的种类、数量和排污费征收标准缴纳排污费。 排污费应当用于污染的防治，不得挪作他用。
《中华人民共和国大气污染防治法》	◆ 第十四条 国家实行按照向大气排放污染物的种类和数量征收排污费的制度，根据加强大气污染防治的要求和国家的经济、技术条件合理制定排污费的征收标准。 征收排污费必须遵守国家规定的标准，具体办法和实施步骤由国务院规定。 征收的排污费一律上缴财政，按照国务院的规定用于大气污染防治，不得挪作他用，并由审计机关依法实施审计监督。

续表

《中华人民共和国环境噪声污染防治法》	◆ 第十六条 产生环境噪声污染的单位，应当采取措施进行治理，并按照国家规定缴纳超标准排污费。 征收的超标准排污费必须用于污染的防治，不得挪作他用。
《中华人民共和国固体废物污染环境防治法》	◆ 第五十六条 以填埋方式处置危险废物不符合国务院环境保护行政主管部门规定的，应当缴纳危险废物排污费。危险废物排污费征收的具体办法由国务院规定。 危险废物排污费用于污染环境的防治，不得挪作他用。
《排污费征收使用管理条例》	◆ 第二条第一款 直接向环境排放污染物的单位和个体工商户（以下简称排污者），应当依照本条例的规定缴纳排污费。 ◆ 第三条 县级以上人民政府环境保护行政主管部门、财政部门、价格主管部门应当按照各自的职责，加强对排污费征收、使用工作的指导、管理和监督。 ◆ 第十二条 排污者应当按照下列规定缴纳排污费： （一）依照大气污染防治法、海洋环境保护法的规定，向大气、海洋排放污染物的，按照排放污染物的种类、数量缴纳排污费。 （二）依照水污染防治法的规定，向水体排放污染物的，按照排放污染物的种类、数量缴纳排污费；向水体排放污染物超过国家或者地方规定的排放标准的，按照排放污染物的种类、数量加倍缴纳排污费。 （三）依照固体废物污染环境防治法的规定，没有建设工业固体废物贮存或者处置的设施、场所，或者工业固体废物贮存或者处置的设施、场所不符合环境保护标准的，按照排放污染物的种类、数量缴纳排污费；以填埋方式处置危险废物不符合国家有关规定的，按照排放污染物的种类、数量缴纳危险废物排污费。 （四）依照环境噪声污染防治法的规定，产生环境噪声污染超过国家环境噪声标准的，按照排放噪声的超标声级缴纳排污费。排污者缴纳排污费，不免除其防治污染、赔偿污染损害的责任和法律、行政法规规定的其他责任。

★ **典型案例**

案例35：某市国营机械林场违反排污收费管理制度案①

【案情简介】

2007年11月16日，某市国营机械林场向该市环保局申报了

---

① 吉林省洮南市环境监察大队：《留置送达亦"送达" 排污收费亦"复杂"——从一起行政处罚复议案件看执法程序问题》，《环境保护》2011年第12期。

2007年至2008年冬季采暖污染物排放事项。随后该市环保局环境监测站派专门人员于12月3日对该林场排污情况进行了监（检）测、采样，监（检）测项目为锅炉大气污染物排放和噪声污染，适用标准为GB13271—2001《锅炉大气污染物排放标准》与GB12348—1990《工业企业厂界噪声标准》。之后受检单位人员在监（检）测、采样任务卡上进行了签字确认。根据检测结果，该市环保局对机械林场在该取暖期污染物排放情况进行了核定，并向其下达了污染物核定及缴款通知书。但该机械林场在法定期限内未缴纳排污费。随即该市环保局按照法定程序，依据《排污费征收使用管理条例》第十四条、第二十一条之规定对其作出了罚款3407元（废气排污费1207元，噪声超标排污费2200元）的行政处罚决定。林场不服此处罚决定，遂向该市人民政府提起行政复议，以"处罚事实不清、证据不足、程序违法"为由，请求撤销该市环保局于2008年9月1日作出的行政处罚决定。机械林场在复议申请书中诉称："第一，被申请人只向我场送达了前述处罚决定，并没有向我场送达所谓的《排污核定通知书》、《排污费缴纳通知书》、《排污费限期缴纳通知书》。剥夺了我场的知情权、申请复核权等法律赋予的权利；第二，被申请人没有对我场进行排污现场检测，故处罚无事实依据；第三，被申请人在处罚决定中没有阐明对我场施以处罚的事件发生、存在的期间，故事实不清；第四，按照惯例，如果被申请人认定的排污期限是一个取暖期，即每年的11月至次年的4月，我场在此声明，我场每个取暖期只供暖2—3个月，其余时间因放假而停止供热。"

随后，在该市环保局出具的行政复议答辩书中，答辩理由如下：第一，环保局于2008年5月7日和15日分别向林场下达了《排污费核定通知书》（[2008]01号）和《排污费缴纳通知单》（[2008]01号），以上文书的送达有该林场场长签字的送达回执予以佐证。6月10日，环保局又向林场下达了《排污费限期缴纳通知书》（[2008]01号），当时林场场长不在单位，该文书由其他工作人员代收，但其拒绝在送达回执上签字，执法人员留置送达。第二，该市环境保护监测站于2007年12月3日对林场取暖炉进行了检测，有该场场长签字确认的该市环境保护监测站监测、采样任务卡可以佐证。第三，林场在《排污费缴纳通知单》送达的7日内，没有履行排污缴费义务，就构成了未按照规定缴纳排污费的违法行为，经环保局催促，其仍不缴纳，违法事实显而易见。环保局在处罚决定书中已经表明其"未按照规定缴纳排污费"的违法事实，并列举了《排污费缴纳通知单》等相关证据，因此环保局所作的处罚决定事实清楚，证据确凿。第四，林场在《冬季采暖期污染物申报登记表》中，向环保局申报排放废气时间为2007年11月1日至2008年4月1日。在取暖期结束后，环保局在向其送达的《排污核定通知书》中已经向其告知了核定时间为2007年11月至2008年4月，林场在接到该通知的法定期限内（7日），对核定结果没有提出异议。综上，环保局认为其所作出的对林场的处罚决定事实清楚、证据确凿、程序合法，是有效的。

复议机关该市政府查明：2007年12月3日，经被申请人调查核实，申请人单位的锅炉正在使用期间，按照规定，申请人应当缴纳排污费，对于以上事实，申请人该林场的法定代表人已签字确认。故，复议机关认为，被申请人该市环保局作出的X环罚字〔2008〕12号行政处罚决定，事实清楚、证据确凿、程序合法。依据《中华人民共和国行政复议法》第二十八条之规定，维持市环保局作出的行政处罚决定。

【案件评析】

1. 环保局环境执法程序是否合法？

依法执法是环境行政执法的基本原则。在行政执法过程中，执法人员是按照相关规定和依据所作出的行政行为，但如果存在程序上的瑕疵，比如没有告知当事人所享有的权利、缺乏必要的文书，都会导致行政执法行为的无效。因此，在本案中，环境行政执法的程序是否合法，是确定行政执法行为是否有效的关键之一。在本案中，环保局是否依法进行了送达，执法人员是否侵犯了林场的知情权，需要具体分析。

首先需要明确的是，送达相关法律文书必须有送达回证，由受送达人在送达回证上记明收到日期,签名或盖章,送达才具有法律效力,受送达人在送达回证上签收日期即为送达日期,也即送达生效日期。《中华人民共和国行政处罚法》第二十条规定:"行政处罚决定书应当在宣告后当场交付当事人;当事人不在场的,行政机关应当在七日内依照民事诉讼法的有关规定,将行政处罚决定书送达当事人。"由此,根据《中华人民共和国民事诉讼法》第七十七条至第八十四条规定,送达包括以下几种,根据不同的情况,适用不同的方式,各方式的最终效果相同。

其一,直接送达。这是最常用的一种送达方式,只要能够直接送达的,一律采用直接送达的方式。根据民诉法规定,在一般情况下,受送达人是公民的,由该公民直接签收,该公民不在时可交由与其同住的成年家属签收;受送达人是其他组织的交由其主要负责人或者该组织负责收件的人签收。在行政执法中,受送达人一般都是企业单位,所以由其法定代表人或其他负责人签收即可。

其二,留置送达。根据民诉法规定,受送达人或者他的同住成年家属拒绝接受送达文书的,送达人应当邀请有关基层组织或者所在单位的代表到场,说明情况,在送达回证上记明拒收事由和日期,由送达人、见证人签名或者盖章,把诉讼文书留在受送达人的住所,即视为送达。有关基层组织或所在单位的代表及其他见证人不愿在送达回证上签字或盖章的,由送达人在送达回证上记明情况,把送达文书留在受送达人住所,即视为送达。在行政执法中,受送达企业相关负责人拒绝接受送达时,如果邀请"见证人"非常困难,现实操作中可以考虑用拍照、摄像对留置送达过程进行影像留存,由执法人员在送达回执上记明情况,完成送达。

其三,委托或邮寄送达。当受送达人住地偏远,采用直接送达有困难或者成本很大时,可以委托受送达人所在地有关部门代为送达,或者采取邮寄送达。邮寄送达的,以回执上注明的收件日期为送达日期。

其四,转交送达。是指将文书送交受送达人所在单位代收,然后转交给受送达人的送达方式。分为三种情况:受送人是军人,通过其所在部队团以上单位的政治机关转交；受送达人被监禁的，通过其所在监所和劳动改造单位转交；受送达人正在被劳动教养的，通过其劳动教养单位转交。代为转交的机关、单位收到诉讼文书后，必须立即交受送达人签收，并以其在送达回证上签收的时间为送达日期。由于环境行政执法中的相对人大都是企业或其他组织，因此这种送达方式在实践中基本不会适用。

其五，公告送达。采用公告送达必须是受送达人下落不明，或者采用以上几种方式无法送达时，才能适用的送达方式。公告送达，自发出公告之日起，经过60日，即为公告期满，视为送达。

在本案中，涉及三个文书的送达问题，其中，市环保局对林场作出的《排污核定通知书》和《排污费缴纳通知书》采用的是直接送达的方式，送达回执上有林场场长的签字；对于《排污费限期缴纳通知书》受送达人拒绝签字和盖章，送达回执上由执法人员记明了相关情况，采用了留置送达的形式。三个文书在送达效果上是相同的，符合送达的法律程序规定，故林场场长以执法机构没有向其"送达"相关文书为由申请撤销处罚决定的理由不能成立，执法机构并没有侵犯其知情权。所以，我们并不能以不知道法的具体内容规定为由而排除承担法律责任。

2. 没有超标排污是否要缴纳排污费？何种情况下可以减免排污费？该案中林场拒缴排污费的理由是否成立？

排污费是国家环境管理机关，依照相关的污染防治立法，对直接向环境排放污染物的单位和个体工商户征收的一定费用，包括污水排污费、废气排污费、固体废物及危险废物排污费和噪声超标排污费。需要注意的是，在我国排污收费管理制度中，排污费分为一般排污费和超标排污费，一般排污费是指只要排污者向外界环境中排放污染物，就要按照国家和地方标准缴纳相关费用；超标排污费是指排污者排放污染物只有达到并超过一定的污染物排放总量上限，才缴纳排污费。根据排放污染物的不同，征收不同的排污费。

根据《排污费征收使用管理条例》和相关污染防治立法的规定：第一，向大气、海洋排放污染物的，按照排放污染物的种类、数量缴纳排污费。第二，向水体排放污染物的，按照排放污染物的种类、数量缴纳排污费；向水体排放污染物超过国家或者地方规定的排放标准的，按照排放污染物的种类、数量加倍缴纳排污费。第三，没有建设工业固体废物贮存或者处置的设施、场所，或者工业固体废物贮存或者处置的设施、场所不符合环境保护标准的，按照排放污染物的种类、数量缴纳排污费；以填埋方式处置危险废物不符合国家有关规定的，按照排放污染物的种类、数量缴纳危险废物排污费。第四，产生环境噪声污染超过国家环境噪声标准的，按照排放噪声的超标声级缴纳排污费。

以下情况排污者可申请排污费的减免：第一，排污者向城市污水集中处理设施排放污水、缴纳污水处理费用的，不再缴纳排污费；第二，排污者建成工业固体废物贮存或者处置设施、场所并符合环境保护标准，或者其原有工业固体废物贮存或者处置设施、场所经改造符合环境保护标准的，自建成或者改造完成之日起，不再缴纳排污费；第三，排污者因不可抗力遭受重大经济损失的，可以申请减半缴纳排污费或者免缴排污费。凡符合以上条件之一者，排污者需持相关证明到有关机构申请排污费的减免。

根据以上规定可以看出，向大气和海洋排污缴纳的是一般排污费；固体废物和危险废物处置不当，直接影响和危害环境的，也是缴纳一般排污费；噪声污染排放缴纳超标排污费；水污染排放同时适用一般排污费和超标排污费。在本案中，林场需缴纳大气排污费和噪声排污费，环保局的专业检测人员对其进了检测，按照国家和地方标准收费，并无不妥，林场也没有减免排污费理由。至于林场的排污期，以《冬季采暖期污染物申报登记表》和《排污核定通知书》中确定的"2007年11月1日至2008年4月1日"为准，并不以林场宣称的"每个取暖期只供暖2—3个月，其余时间因放假而停止供热"为准。故此，复议机关该市政府所作出的复议决定正确合法，林场应缴纳排污费，接受行政处罚。

★ 相关法条

《中华人民共和国大气污染防治法》	◆ 第十三条 向大气排放污染物的，其污染物排放浓度不得超过国家和地方规定的排放标准。 ◆ 第十四条 国家实行按照向大气排放污染物的种类和数量征收排污费的制度，根据加强大气污染防治的要求和国家的经济、技术条件合理条件制定排污费的征收标准。 征收排污费必须遵守国家规定的标准，具体办法和实施步骤由国务院规定。 征收的排污费一律上缴财政，按照国务院的规定用于大气污染防治，不得挪作他用，并由审计机关依法实施审计监督。
《中华人民共和国环境噪声污染防治法》	◆ 第十六条 产生环境噪声污染的单位，应当采取措施进行治理，并按照国家规定缴纳超标准排污费。 征收的超标准排污费必须用于污染的防治，不得挪作他用。
《排污费征收使用管理条例》	◆ 第七条 县级以上地方人民政府环境保护行政主管部门，应当按照国务院环境保护行政主管部门规定的核定权限对排污者排放污染物的种类、数量进行核定。 装机容量30万千瓦以上的电力企业排放二氧化硫的数量，由省、自治区、直辖市人民政府环境保护行政主管部门核定。 污染物排放种类、数量经核定后，由负责污染物排放核定工作的环境保护行政主管部门书面通知排污者。 ◆ 第十四条 排污费数额确定后，由负责污染物排放核定工作的环境保护行政主管部门向排污者送达排污费缴纳通知单。 排污者应当自接到排污费缴纳通知单之日起7日内，到指定的商业银行缴纳排污费。商业银行应当按照规定的比例将收到的排污费分别解缴中央国库和地方国库。具体办法由国务院财政部门会同国务院环境保护行政主管部门制定。 ◆ 第二十一条 排污者未按照规定缴纳排污费的，由县级以上地方人民政府环境保护行政主管部门依据职权责令限期缴纳；逾期拒不缴纳的，处应缴纳排污费数额1倍以上3倍以下的罚款，并报经有批准权的人民政府批准，责令停产停业整顿。
《中华人民共和国行政处罚法》	◆ 第三十一条 行政机关在作出行政处罚决定之前，应当告知当事人作出行政处罚决定的事实、理由及依据，并告知当事人依法享有的权利。

《中华人民共和国行政复议法》	◆ 第二十三条 行政复议机关负责法制工作的机构应当自行政复议申请受理之日起七日内，将行政复议申请书副本或者行政复议申请笔录复印件发送被申请人。被申请人应当自收到申请书副本或者申请笔录复印件之日起十日内，提出书面答复，并提交当初作出具体行政行为的证据、依据和其他有关材料。 申请人、第三人可以查阅被申请人提出的书面答复、作出具体行政行为的证据、依据和其他有关材料，除涉及国家秘密、商业秘密或者个人隐私外，行政复议机关不得拒绝。 ◆ 第二十八条 行政复议机关负责法制工作的机构应当对被申请人作出的具体行政行为进行审查，提出意见，经行政复议机关的负责人同意或者集体讨论通过后，按照下列规定作出行政复议决定： （一）具体行政行为认定事实清楚，证据确凿，适用依据正确，程序合法，内容适当的，决定维持； （二）被申请人不履行法定职责的，决定其在一定期限内履行； （三）具体行政行为有下列情形之一的，决定撤销、变更或者确认该具体行政行为违法；决定撤销或者确认该具体行政行为违法的，可以责令被申请人在一定期限内重新作出具体行政行为： 1. 主要事实不清、证据不足的； 2. 适用依据错误的； 3. 违反法定程序的； 4. 超越或者滥用职权的； 5. 具体行政行为明显不当的。 （四）被申请人不按照本法第二十三条的规定提出书面答复、提交当初作出具体行政行为的证据、依据和其他有关材料的，视为该具体行政行为没有证据、依据，决定撤销该具体行政行为。 行政复议机关责令被申请人重新作出具体行政行为的，被申请人不得以同一的事实和理由作出与原具体行政行为相同或者基本相同的具体行政行为。
《最高人民法院关于执行〈中华人民共和国行政诉讼法〉若干问题的解释》	◆ 第三十条 下列证据不能作为认定被诉具体行政行为合法的根据： （一）被告及其诉讼代理人在作出具体行政行为后自行收集的证据； （二）被告严重违反法定程序收集的其他证据。 ◆ 第三十一条 未经法庭质证的证据不能作为人民法院裁判的根据。 复议机关在复议过程中收集和补充的证据，不能作为人民法院维持原具体行政行为的根据。 被告在二审过程中向法庭提交在一审过程中没有提交的证据，不能作为二审法院撤销或者变更一审裁判的根据。

★典型案例

案例36：广西 G 电力股份有限公司诉大化 Y 自治县水利局征收税资源费及行政处罚案

【案情简介】

广西壮族自治区大化 Y 自治县水利局根据《中华人民共和国水

法》和《广西壮族自治区水资源费征收使用管理暂行办法》有关规定，认为广西 G 电力股份有限公司下属的大化水力发电总厂从红水河大化段取水发电，应当缴纳水资源费。2004 年 9 月 9 日和 9 月 27 日，水利局先后发出《关于缴纳水资源费的通知》和《水行政处罚决定书》，要求广西 G 电力股份有限公司下属大化水力发电总厂缴纳其 2002 年 1 月 1 日至 2003 年 9 月 30 日期间从红水河大化段取水发电的水资源费 1111.50 万元和罚款 1285.2 万元。广西 G 电力股份有限公司不服，向河池市水利局申请行政复议。河池市水利局作出维持的行政复议决定。

广西 G 电力股份有限公司仍不服，向河池市中级人民法院提起行政诉讼，认为大化水力发电总厂是其下属，属中央直属水电厂，取水发电不应缴纳水资源费，也不存在违法问题，大化 Y 自治县水利局下发的《水行政处罚决定书》，对大化水力发电总厂征收水资源费并进行处罚，没有事实和法律依据。请求法院撤销大化 Y 自治县水利局《水行政处罚决定书》。

河池市中级人民法院审理后认为，被告大化 Y 自治县水利局作为县级以上人民政府水行政主管部门，有权在辖区范围内依法对使用水资源实施收费和管理工作。《中华人民共和国水法》第四十八条第一款规定："直接从江河、湖泊或者地下取用水资源的单位和个人，应当按照国家取水许可制度和水资源有偿使用制度的规定，向水行政主管部门或者流域管理机构申请领取取水许可证，并缴纳水资源费，取得取水权。但是家庭生活和零星散养、圈养畜禽饮用等少量取水的除外"，国务院国发［1997］35 号《水利产业政策》第十七条规定："国家执行水资源有偿使用制度，对直接从江河、湖泊取水的单位依法征收水资源费。水资源费的征收和使用管理办法由国务院制定，在国务院正式发布之前，暂按省（自治区、直辖市）的有关规定执行"，《广西壮族自治区水资源费征收使用管理暂行办法》第二条规定：凡在本自治区范围内直接从江河取用水的单位按本办法规定缴纳水资源费。被告大化 Y 自治县水利局根据原告广西 G 电力股份有限公司下属的大化水力发电总厂从红水河大化段取水发电事实作出的处罚决定有法律依据。被告作出的具体行政行为认定事实清楚，适用法律法规正确，程序合法。法院于是作出维持被告大化 Y 自治县水利局《水行政处罚决定书》的判决。原告广西 G 电力股份有限公司不服，向广西壮族自治区高级人民法院提出上诉。广西壮族自治区高级人民法院向最高人民法院提出《关于广西 G 电力股份有限公司诉大化 Y 自治县水利局征收税资源费及行政处罚上诉一案的请示》，最高人民法院于 2007 年 11 月 5 日作出答复认为，国务院颁布的《取水许可和水资源费征收管理条例》于 2006 年 4 月 15 日起施行，在该条例施行之后，应当根据该条例的有关规定征收税资源费。

★相关法条

《中华人民共和国水法》	◆ 第四十八条 　　直接从江河、湖泊或者地下取用水资源的单位和个人，应当按照国家取水许可制度和水资源有偿使用制度的规定，向水行政主管部门或者流域管理机构申请领取取水许可证，并缴纳水资源费，取得取水权。但是，家庭生活和零星散养、圈养畜禽饮用等少量取水的除外。 　　实施取水许可制度和征收管理水资源费的具体办法，由国务院规定。
《取水许可和水资源费征收管理条例》	◆ 第二十八条 　　取水单位或者个人应当缴纳水资源费。 　　取水单位或者个人应当按照经批准的年度取水计划取水。超计划或者超定额取水的，对超计划或者超定额部分累进收取水资源费。 　　水资源费征收标准由省、自治区、直辖市人民政府价格主管部门会同同级财政部门、水行政主管部门制定，报本级人民政府批准，并报国务院价格主管部门、财政部门和水行政主管部门备案。其中，由流域管理机构审批取水的中央直属和跨省、自治区、直辖市水利工程的水资源费征收标准，由国务院价格主管部门会同国务院财政部门、水行政主管部门制定。

三　环境行政调解

环境行政调解，是指环境行政执法主体依照有关法律法规规定的程序和方法，以第三人的身份对当事人因环境污染所引起的赔偿责任和赔偿金额纠纷进行调解，并作出不具有法律效力的行政调解书的行政行为。

　　环境行政调解处理方式具有如下特点：首先，行政调解不同于由人民调解委员会进行的民间调解，它是环境行政机关贯彻实施环境法的一种行政行为，行政调解权来源于环保部门的法定行政权，而且调解必须依照环境法律规范及其他相关法律法规进行。其次，环境行政机关以第三人的身份居间进行调解，可以对纠纷的解决提出方案但不能强迫当事人接受，因此不同于由环境行政机关单方面意志决定的其他环境行政行为。再次，调解以当事人自愿为原则，是否选择行政调解由当事人自主决定，调解不是起诉的必经阶段，当事人也可以不经行政处理直接向法院起诉，而且调解协议的达成是当事人相互间妥协的结果，完全体现当事人双方的意志。最后，行政调解书不同于经法庭调解所达成的调解协议，不具有法定执行力，只能依靠当事人自觉履行，调解协议达成后当事人一方反悔的，另一方不可以申请强制执行。

★相关法条

《中华人民共和国水污染防治法》	◆ 第八十六条 　　因水污染引起的损害赔偿责任和赔偿金额的纠纷，可以根据当事人的请求，由环境保护主管部门或者海事管理机构、渔业主管部门按照职责分工调解处理；调解不成的，当事人可以向人民法院提起诉讼。当事人也可以直接向人民法院提起诉讼。
《中华人民共和国大气污染防治法》	◆ 第六十二条 　　造成大气污染危害的单位，有责任排除危害，并对直接遭受损失的单位或者个人赔偿损失。 　　赔偿责任和赔偿金额的纠纷，可以根据当事人的请求，由环境保护行政主管部门调解处理；调解不成的，当事人可以向人民法院起诉。当事人也可以直接向人民法院起诉。
《中华人民共和国环境噪声污染防治法》	◆ 第六十一条 　　受到环境噪声污染危害的单位和个人，有权要求加害人排除危害；造成损失的，依法赔偿损失。 　　赔偿责任和赔偿金额的纠纷，可以根据当事人的请求，由环境保护行政主管部门或者其他环境噪声污染防治工作的监督管理部门、机构调解处理；调解不成的，当事人可以向人民法院起诉。当事人也可以直接向人民法院起诉。

《中华人民共和国固体废物污染环境防治法》	◆ 第八十四条 受到固体废物污染损害的单位和个人，有权要求依法赔偿损失。 赔偿责任和赔偿金额的纠纷，可以根据当事人的请求，由环境保护行政主管部门或者其他固体废物污染环境防治工作的监督管理部门调解处理；调解不成的，当事人可以向人民法院提起诉讼。当事人也可以直接向人民法院提起诉讼。 国家鼓励法律服务机构对固体废物污染环境诉讼中的受害人提供法律援助。

★ **典型案例**

案例 37：刘某不服 Y 市环境保护局赔偿处理决定案

【案情简介】

1991 年 8 月 10 日，Y 市化肥厂冷却塔的冷却水外溢，流入 Y 市 Z 区农民刘某承包的鱼塘内，导致塘内氨氮含量超常，造成污染。8 月 11 日，刘某与 Y 市化肥厂协商，由 Y 市化肥厂向塘内排放自来水 3000 多立方米，但仍未能有效地缓解污染，致使塘内养殖的淡水鱼部分死亡。当月 15 日，根据刘某的报告和请求，Y 市、Z 区两级环保部门前往现场调查处理。根据当天鱼塘采集水样化验数据，确认 Y 市化肥厂冷却水外溢是鱼塘内氨氮含量升高并致鱼死亡的主要原因，Y 市化肥厂应当承担赔偿责任，对此事实双方无争议。经调解，Y 市化肥厂同意交付污染赔偿款 4500 元给刘某，刘某也表示同意接受。在此基础上，Y 市环境保护局于 1991 年 10 月 11 日作出了《关于 Y 市化肥厂导致死鱼污染事故赔偿的处理意见》，依据《中华人民共和国水污染防治法》第四十一条之规定，由 Y 市化肥厂支付赔偿款 4500 元给刘某，并于 1991 年 10 月底前完成兑现手续。通过 Y 市环保部门的工作，此污染赔偿纠纷似乎已顺利了结。但是，刘某在接到处理意见后反悔，以赔偿 4500 元不足以弥补其全部损失为由，于 1991 年 10 月 28 日具状诉至 Y 市 Z 区人民法院，请求撤销 Y 市环境保护局的处理意见，并重新作出处理。1991 年 10 月 31 日，Y 市环境保护局接到了 Y 市 Z 区人民法院的《应诉通知书》和起诉书副本。1991 年 12 月 21 日，Y 市 Z 区人民法院行政审判庭开庭，公开审理刘某不服 Y 市环境保护局赔偿处理决定一案，并当庭作出判决，维持 Y 市环境保护局污染事故赔偿处理决定。原告刘某不服一审判决，1992年1月15日向Y市中级人民法院提出上诉。1992年3月31日，Y市中级人民法院作出终审判决，驳回刘某的上诉请求，维持Z区人民法院一审判决。

【案件评析】

环境行政调解大量用于环境污染损害纠纷的解决。1989年《中华人民共和国环境保护法》第41条规定，（环境污染损害）赔偿责任和赔偿金额的纠纷，可以根据当事人的请求，由环境保护行政主管部门或者其他依照法律规定行使环境监督管理权的部门处理。当事人对处理决定不服的，可以向人民法院起诉。《中华人民共和国水污染防治法》、《中华人民共和国大气污染防治法》等其他污染防治法律也作出了与此类似的规定。由于该案发生在1991年，环境保护部门因处理环境民事纠纷而被提起行政诉讼，但实际上环境行政调解不具有法定执行力，当事人不服调解结果，可以提起诉讼，但应该提起民事诉讼。

由于环境行政机关所调解的是污染损害双方当事人间的民事纠纷，调解过程和调解达成的协议，都是双方当事人意志妥协的产物，它并不体现环保机关的意志。因此，它不同于环保机关在实施环境管理过程中，针对管理相对人所作的一般具体环境行政行为。换句话说，调解协议归根结底是当事人的妥协意志，它无论如何不具有一般具体行政行为的公定力、约束力和执行力。调解协议达成之后，主持调解的环保机关不能强制执行，也不能申请法院强制执行，它只能靠当事人自觉履行。一旦一方或者双方当事人反悔，则调解协议自动失效，污染纠纷只能通过其他途径解决。根据环境法律、法规，环境污染纠纷的解决有两种方式，即行政途径和司法途径，但以司法途径为最终途径。这意味着，当事人固然可请求行政调解，但不服调解时，还有权向法院起诉，请求司法救济。环保机关不应限制其诉权。由于环境行政调解不同于一般具体环境行政行为，调解协议并非环保机关的意志，它不会对当事人造成行政侵权，因此，当事人不服调解协议的，不能以主持调解的环保机关作被告提起行政诉讼。有关法规和司法解释也明确规定，对这种调解处理不服的，既不能申请行政复议，也不能提起行政诉讼。1992年1月31日，全国人大常委会法制工作委员会《关于正确理解和执行〈环境保护法〉第四十一条第二款的答复》中强调：当事人对环保部门就赔偿纠纷所作的调解处理不服而向人民法院起诉的，不应以环保部门作被告提起行政诉讼，而应就原污染赔偿纠纷提起民事诉讼，人民法院也不应作为行政案件受理和审判。

据此，该案中刘某应以原纠纷为标的，提起民事赔偿诉讼而不应该提起行政诉讼。当事人一旦起诉，则环保机关主持达成的调解协议自动失效，环境污染纠纷的解决，以人民法院的生效判决、裁定或者法院调解为依据。

四 环境行政处罚

环境行政处罚是环境行政执法中经常使用的一种执法手段，是指环境行政执法机关或其他主体依照法定权限和程序，对违反环境行政法律、法规尚未构成犯罪的行政相对人给予行政制裁的具体行政行为。

根据《中华人民共和国行政处罚法》的规定，环境行政处罚的种类包括：警告、罚款、没收违法所得、没收非法财物、责令停产停业、暂扣或者吊销营业执照、行政拘留以及环境法律、行政法规规定的其他行政处罚。可以设定环境行政处罚的文件主要有环境法律、法规、规章。

首先，实施环境行政处罚的主体必须是依法享有环境行政处罚权的机关，主要指对环保实施统一监督管理的县级以上环保部门。此外还包括：实施环境监督管理的国家海洋局、港务监督、渔政、渔港、军队环保部门和各级公安、交通、铁道、民航等管理部门及资源管理部门。其他国家机关、社会团体、企事业单位和个人，均无此种行政处罚权。

其次，只能对法律明文规定必须给予行政处罚者进行处罚。污染或者破坏环境者具备了承担行政法律责任的构成要件，就必须给予行政制裁。制裁形式包括行政处罚和行政处分两种，只有在法律明文规定必须给予行政处罚时，执法部门才能作出行政处罚决定。

再次,必须严格遵守法律规定的行政处罚形式和处罚幅度。按照不同的行政违法行为和同一种违法行为的不同危害程度,法律相应地规定了行政处罚形式和幅度,执法机关必须严格遵守。为了保证行政处罚的公正、合理,必须依照法定程序作出行政处罚。原国家环保总局发布《环境保护行政处罚办法》(2010年3月1日施行),具体规定了环境行政处罚原则、主体、程序等,地方各级环保局必须严格遵守。

最后,在整个行政处罚程序中,应特别注意保护相对人的合法权益。这些权利包括陈述权、申辩权、申请回避、申请复议和提起诉讼等。

环境行政处罚是一种严厉的环境执法方式,为了保障环境行政相对人的利益,环境行政处罚应当严格按照《中华人民共和国行政处罚法》和相关的环境法律法规所规定的权限和程序进行。环境行政处罚程序可分为一般程序和简易程序。环境行政处罚一般程序的流程包括:立案登记、调查取证、告知听证、作出行政处罚决定、处罚决定送达、处罚决定执行等。

★ 相关法条

《中华人民共和国行政处罚法》	◆ 第八条 行政处罚的种类: (一)警告; (二)罚款; (三)没收违法所得、没收非法财物; (四)责令停产停业; (五)暂扣或者吊销许可证、暂扣或者吊销执照; (六)行政拘留; (七)法律、行政法规规定的其他行政处罚。
《环境行政处罚办法》	◆ 第十条 根据法律、行政法规和部门规章,环境行政处罚的种类有: (一)警告; (二)罚款; (三)责令停产整顿; (四)责令停产、停业、关闭; (五)暂扣、吊销许可证或者其他具有许可性质的证件; (六)没收违法所得、没收非法财物; (七)行政拘留; (八)法律、行政法规设定的其他行政处罚种类。

★ **典型案例**

案例38：个体工商户王某某诉N县环保局行政处罚案

【案情简介】

个体工商户王某某经营小型农具加工和销售，在加工过程中使用了钻床、车床和切割机等产生环境噪声的设备。依据国家排污申报登记的有关法律、法规及规章的规定，N县环保局于2003年8月5日向王某某下达了《排污申报登记通知书》，要求其限期办理排污申报登记手续。但是王某某对此通知置之不理，在规定的期限内，虽经环境执法人员多次对其进行说服解释工作，仍置若罔闻，拒不办理。针对王某某的环境违法行为，该局在经过了立案登记、调查取证、告知申辩、集体审议等行政处罚程序后，依法向其下达了《行政处罚决定书》。王某某在接到处罚决定书后，认为其不排水、不排气，不属于排污者，并称该局行政处罚程序违法，遂向N县人民法院提起行政诉讼。N县人民法院受理后，依法组成了合议庭，公开审理了此案。经审理查明：原告王某某在加工小型农具过程中产生了环境噪声，经N县环境监测站监测，其厂界噪声值超过了GB 12348—90规定的排放标准，并且处于居民区内。根据《中华人民共和国环境噪声污染防治法》第二条第二款之规定，所产生的噪声为环境噪声污染，属于排污单位，应依法按时申报。原告的行为构成了拒报，N县环保局的行政处罚程序合法、适法正确、量罚得当，故维持N县环保局作出的内环罚字［2003］第061号行政处罚决定。王某某接到判决书后，不服一审判决，上诉至N市中级人民法院。N市中级人民法院公开开庭审理后，依法驳回王某某的上诉，维持原判。

【案件评析】

本案涉及环境法律问题较多，在此重点关注环境行政处罚程序和权限问题。

1. 环境行政处罚程序的问题。

环境行政处罚程序指享有环境行政处罚权的环境保护监督管理部门，依法对破坏或者污染环境而应承担环境行政法律责任的单位或者个人,提起、认定并给予环境行政处罚必须遵循的法定方法和步骤的总称。根据《中华人民共和国行政处罚法》、《环境保护行政处罚办法》和其他环境保护监督管理部门发布的行政处罚规章的规定,行政处罚程序可分为简易程序和一般程序。本案中,N县环保局对王某某的处罚采取了一般程序,经环境执法人员多次对其进行说服解释工作之后,针对王某某的环境违法行为,该局在经过了立案登记、调查取证、告知申辩、集体审议等行政处罚程序后,依法向其下达了行政处罚决定书。

2. 环境行政处罚权限问题。

环境行政处罚案件的管辖指环境保护监督管理部门查处行政处罚案件的权限和分工。以环境保护行政主管部门为例,即是指该部门内部对属于其管辖的某一具体行政处罚案件由哪一级环境保护局行使行政处罚权。行政处罚权与行政案件管辖权的关系非常密切。行政处罚权是环境保护监督管理部门行使行政执法权的重要组成部分。1989年《中华人民共和国环境保护法》第7条关于环境保护监督管理体制的规定,实际上就已经规定了哪一种或者哪几种环境污染或者破坏案件,由哪一类环境保护监督管理部门行使行政处罚权。在此基础上还需要解决每一类环境保护监督管理部门内部上、下级以至同级之间,如何划分行政处罚的权限和范围,这就是行政处罚案件的管辖,而且是一种特殊的管辖,可见,行政管辖权是行政处罚权的基础,行政管辖权是行政处罚权得以实施的条件。

案例39:某村砖厂不服L县环境保护局环境污染行政处罚案

【案情简介】

某村砖厂排放窑炉烟尘污染环境并造成经济损失,L县环保局根据损害事实,对该砖厂的违法行为作出处理,对原告罚款1万元。但L县环境保护局在作出处罚决定时,没有听取被处罚人的陈述和申辩,也没有告知被处罚人享有要求举行听证的权利,剥夺了原告陈述、申辩、要求听证等权利。且被告在作出行政处罚决定后,也未按法律规定的七日内送达行政处罚决定,而是在三年半后才送达,某砖厂以L县环境保护局作出的行政处罚,没有举行听证,属程序违法为由提起行政诉讼。法院经审理认为，L县环境保护局作出的行政处罚决定的具体行政行为严重违法，应予撤销。

【案件评析】

我国自《中华人民共和国行政诉讼法》颁布后，对行政机关依法行政提出了更高的要求，陆续出台了《中华人民共和国国家赔偿法》、《中华人民共和国行政处罚法》、《中华人民共和国行政监察法》、《中华人民共和国行政复议法》、《中华人民共和国行政许可法》等一系列行政法律。但在行政机关履行职责中，仍然存在着大量主体资格不符、违反法律程序、乱用、滥用职权等违法行政问题，导致行政管理效能低，行政权威、行政机关形象受到严重影响。本案就是行政机关不依照法律程序履行职责的典型。本案中被告人L县环保局作为行政机关，具有行政处罚的权力，但在实施行政处罚权时，没有按照法律规定的程序进行。《中华人民共和国行政处罚法》第四十二条规定：行政机关作出责令停产、吊销许可证或者执照、较大数额罚款等行政处罚决定之前，应当告知当事人有要求举行听证的权利；当事人要求听证的，行政机关应当组织听证。本案中L县环保局作出行政处罚决定时，没有告知被处罚人享有要求听证的权利，程序违法，因此，其具体行政行为不成立，行政处罚决定无效。

★ 相关法条

《中华人民共和国行政处罚法》	◆ 第四十二条 行政机关作出责令停产停业、吊销许可证或者执照、较大数额罚款等行政处罚决定之前，应当告知当事人有要求举行听证的权利；当事人要求听证的，行政机关应当组织听证。当事人不承担行政机关组织听证的费用。听证依照以下程序组织： （一）当事人要求听证的，应当在行政机关告知后三日内提出； （二）行政机关应当在听证的七日前，通知当事人举行听证的时间、地点； （三）除涉及国家秘密、商业秘密或者个人隐私外，听证公开举行； （四）听证由行政机关指定的非本案调查人员主持；当事人认为主持人与本案有直接利害关系的，有权申请回避； （五）当事人可以亲自参加听证，也可以委托一至二人代理； （六）举行听证时，调查人员提出当事人违法的事实、证据和行政处罚建议；当事人进行申辩和质证； （七）听证应当制作笔录；笔录应当交当事人审核无误后签字或者盖章。 当事人对限制人身自由的行政处罚有异议的，依照治安管理处罚条例有关规定执行。

续表

《环境行政处罚办法》	◆ 第四十八条 在作出行政处罚决定前，应当告知当事人有关事实、理由、依据和当事人依法享有的陈述、申辩权利。 在作出暂扣或吊销许可证、较大数额的罚款和没收等重大行政处罚决定之前，应当告知当事人有要求举行听证的权利。 ◆ 第四十九条 环境保护主管部门应当对当事人提出的事实、理由和证据进行复核。当事人提出的事实、理由或者证据成立的，应当予以采纳。 不得因当事人的申辩而加重处罚。 ◆ 第五十条 行政处罚听证按有关规定执行。

五 环境行政强制执行

环境行政强制执行是指环境行政执法主体在通过环境行政处理决定和环境行政处罚对行政相对人科以义务后，针对行政相对人逾期不起诉又不履行义务或不自觉履行法定义务的行为依法采取强制措施，迫使其履行相应义务或实现与履行有同一状态的执法行为。环境行政强制执行是环境行政主体一项必要的权力，是环境行政执法不可缺少的一部分，没有环境行政强制执行，环境行政执法将很难进行到底。

根据《中华人民共和国行政强制法》第五十三条的规定，对于行政处罚决定，当事人逾期不申请复议，也不向人民法院起诉，又不履行处罚决定的，由作出决定的机关申请人民法院强制执行。另外，在《中华人民共和国水污染防治法》、《中华人民共和国大气污染防治法》等环境法律中也对此作出了相同或类似的规定。因此，目前我国环境行政机关并不享有独立的环境强制执行权，对不履行环境行政执法机关所科义务的环境行政相对人，环境执法机关必须向人民法院提出强制执行申请，由人民法院负责对其实施强制执行。一般认为，应当把人民法院的强制执行视作环境行政机关执行权能的体现，是环境行政机关强制执行权的延伸和继续。原因在于，人民法院只能依据环境行政机关的申请，并按照法律规定的权限和程序来实施行政强制执行。

★ 相关法条

《环境行政处罚办法》	◆ 第六十一条 当事人逾期不申请行政复议、不提起行政诉讼、又不履行处罚决定的，由作出处罚决定的环境保护主管部门申请人民法院强制执行。 ◆ 第六十二条 申请人民法院强制执行应当符合《最高人民法院关于执行〈中华人民共和国行政诉讼法〉若干问题的解释》的规定，并在下列期限内提起： （一）行政处罚决定书送达后当事人未申请行政复议且未提起行政诉讼的，在处罚决定书送达之日起60日后起算的180日内； （二）复议决定书送达后当事人未提起行政诉讼的，在复议决定书送达之日起15日后起算的180日内； （三）第一审行政判决后当事人未提出上诉的，在判决书送达之日起15日后起算的180日内； （四）第一审行政裁定后当事人未提出上诉的，在裁定书送达之日起10日后起算的180日内； （五）第二审行政判决书送达之日起180日内。

★ 典型案例

案例40：Q市环境保护局对Q市Q建材有限公司大气污染行政处罚申请强制执行案

【案情简介】

本案中，申请人Q市环境保护局环罚字［2008］第16号《环境保护局行政处罚决定书》认定Q市Q建材有限公司生产正常，但污染物处理设施没有运行，并且该公司没有办理排污许可证，违法排污。违反了《中华人民共和国大气污染防治法》第四十六条第三项之规定，依法应当予以处罚，并对其做出了责令立即停止违法行为，处以罚款50000元的处罚决定。该决定于2008年7月23日向被申请人送达。被申请人未在六十日内申请行政复议，亦未向人民法院提起诉讼。由于被申请人不执行行政处罚，申请人遂向Q市人民法院申请强制执行。Q市人民法院作出裁定，准予执行。

【案件评析】

本案涉及行政法上的一个专门概念——行政强制执行。行政强制执行，是指行政机关或者行政机关申请人民法院，对不履行行政决定的公民、法人或其他组织，依法强制履行义务的行为。根据《中华人民共和国行政强制法》第三十四条的规定,行政机关依法作出行政决定后,当事人在行政机关决定的期限内不履行义务的,具有行政强制执行权的行政机关依照本章规定强制执行。对于行政执法机关来讲,行政强制执行程序有两点需要注意:第一,行政强制执行程序的目的是保障行政主体所作出的行政行为的执行效果,它是法律规定的行政主体的一项权力,应该依法进行。第二,行政强制执行程序中,要保障被执行人或被申请执行人的合法权益,防止权力滥用。

★相关法条

《中华人民共和国行政强制法》	◆ 第八条 公民、法人或者其他组织对行政机关实施行政强制,享有陈述权、申辩权;有权依法申请行政复议或者提起行政诉讼;因行政机关违法实施行政强制受到损害的,有权依法要求赔偿。 公民、法人或者其他组织因人民法院在强制执行中有违法行为或者扩大强制执行范围受到损害的,有权依法要求赔偿。 ◆ 第三十五条 行政机关作出强制执行决定前,应当事先催告当事人履行义务。催告应当以书面形式作出,并载明下列事项: (一)履行义务的期限; (二)履行义务的方式; (三)涉及金钱给付的,应当有明确的金额和给付方式; (四)当事人依法享有的陈述权和申辩权。 ◆ 第三十六条 当事人收到催告书后有权进行陈述和申辩。行政机关应当充分听取当事人的意见,对当事人提出的事实、理由和证据,应当进行记录、复核。当事人提出的事实、理由或者证据成立的,行政机关应当采纳。

六 环境行政监督检查

环境行政监督检查是指环境行政执法主体为了实施环境行政管理职能,督促行政相对人自觉遵守环境法律法规,对环境管理相对人的守法情况和履行义务情况进行的监督、检查。环境监督检查的主体主要是环境保护行政主管部门和其他依法行使环境监督管理权的部门,如渔业行政主管部门、土地行政主管部门;环境监督检查的对象是环境管理的相对人,包括个人和组织。

环境监督检查是对环境管理相对人行使权利和履行义务的情况依法进行了解和监测,并不实际设定、变更或者取消相对人的实体权利和义务。其方式主要包括两种，即现场检查与执法性的环境监测。

《中华人民共和国环境保护法》专设一章规定了环境监督管理，其中第十七条第一款规定"国家建立、健全环境监测制度。国务院环境保护行政主管部门制定检测规范，会同有关部门组织检测网络，统一规划国家环境质量监测站（点）的位置，建立监测数据共享机制，加强对环境检测的管理"。第二十四条规定了县级以上人民政府环境保护行政主管部门或者其他依照法律规定行使环境监督管理权的部门，有权对管辖范围内的排污单位进行现场检查。被检查的单位应当如实反映情况，提供必要的资料。另外，各单行环境法律法规如《中华人民共和国水污染防治法》、《中华人民共和国土地管理法》等也都规定了环境监督检查制度。

★ **相关法条**

《中华人民共和国环境保护法》	◆ 第二十四条 县级以上人民政府环境保护行政主管部门及其委托的环境监察机构或者其他依照法律规定行使环境监督管理权的部门，有权对排放污染物的企事业单位和其他生产经营者进行现场检查。被检查者应当如实反映情况，提供必要的资料。实施现场检查的部门、机构及其工作人员应当为检查者保守商业秘密。
《中华人民共和国水污染防治法》	◆ 第二十七条 环境保护主管部门和其他依照本法规定行使监督管理权的部门，有权对管辖范围内的排污单位进行现场检查，被检查的单位应当如实反映情况，提供必要的资料。检查机关有义务为被检查的单位保守在检查中获取的商业秘密。
《中华人民共和国大气污染防治法》	◆ 第二十一条 环境保护行政主管部门和其他监督管理部门有权对管辖范围内的排污单位进行现场检查，被检查单位必须如实反映情况，提供必要的资料。检查部门有义务为被检查单位保守技术秘密和业务秘密。
《中华人民共和国环境噪声污染防治法》	◆ 第二十一条 县级以上人民政府环境保护行政主管部门和其他环境噪声污染防治工作的监督管理部门、机构，有权依据各自的职责对管辖范围内排放环境噪声的单位进行现场检查。被检查的单位必须如实反映情况，并提供必要的资料。检查部门、机构应当为被检查的单位保守技术秘密和业务秘密。 检查人员进行现场检查，应当出示证件。

续表

《中华人民共和国固体废物污染环境防治法》	◆ 第十五条 　　县级以上人民政府环境保护行政主管部门和其他固体废物污染环境防治工作的监督管理部门，有权依据各自的职责对管辖范围内与固体废物污染环境防治有关的单位进行现场检查。被检查的单位应当如实反映情况，提供必要的资料。检查机关应当为被检查的单位保守技术秘密和业务秘密。 　　检查机关进行现场检查时，可以采取现场监测、采集样品、查阅或者复制与固体废物污染环境防治相关的资料等措施。检查人员进行现场检查，应当出示证件。
《中华人民共和国环境影响评价法》	◆ 第二十八条 　　环境保护行政主管部门应当对建设项目投入生产或者使用后所产生的环境影响进行跟踪检查，对造成严重环境污染或者生态破坏的，应当查清原因、查明责任。对属于为建设项目环境影响评价提供技术服务的机构编制不实的环境影响评价文件的，依照本法第三十三条的规定追究其法律责任；属于审批部门工作人员失职、渎职，对依法不应批准的建设项目环境影响评价文件予以批准的，依照本法第三十五条的规定追究其法律责任。

★ 典型案例

案件41：某服饰材料有限公司不服H市环保局环境行政处罚案

【案情简介】

2006年11月底，经H市环保局现场检查发现，H市某服饰材料有限公司污水处理操作程序不到位，某排放口排放的废水经监测站监测，浓度超过了国家规定的标准，给周边环境造成了较大的污染。执法机构认定当事人的行为违反了有关法律规定，市环保局对其作出了行政处罚。该装饰材料公司不服，向市人民法院提起诉讼。

【案件评析】

现场检查是环境违法行为发现的途径之一，在环境违法行为发现后，才能启动环境行政处罚程序。我国环境保护行政主管部门对环境现场实施检查是法律授予的权力。《中华人民共和国环境保护法》第二十四条规定：县级以上人民政府环境保护行政主管部门及其委托的环境监察机构或者其他依据法律规定行使环境监督管理权的部门，有权对排放污染物的企事业单位和其他生产经营者进行现场检查，被检查者应当如实反映情况，提供必要的资料。《中华人民共和国大气污染防治法》、《中华人民共和国海洋环境保护法》、《中华人民共和国水污染防治法》、

《中华人民共和国环境噪声污染防治法》、《中华人民共和国固体废物污染环境防治法》等都有相关的规定。现场检查应遵循法定的程序要求。

第一，人员要求：进行现场检查的环境保护行政主管部门的行政执法人员不得少于两人，并指定一个负责人。

第二，出具证件：进行现场检查前，参加检查的行政执法人员应当出示证件及现场检查相关的文件。

第三，检查内容：根据现场检查的对象不同，内容也不同。①检查污染源的主要内容：生产规模、生产工艺、地理位置、污染物排放强度、污染源治理情况是否发生重大变化，是否办理相关环保手续。②检查污染防治设施的内容：检查企业生产情况，污染源治理设施运行情况，污染物排放情况，设施运行记录、监测记录和设施管理人员岗位执行情况，各项制度的建立、完善和规范情况；设施停运或拆除设施需暂时停运、拆除、闲置、关闭、改建、扩建的，排污口需改变原设位置或增减的，是否办理相关环保手续，设施停运或拆除期间，采取的达标排放相应措施执行情况。③检查建设项目"三同时"的内容：听取建设单位的建设项目进展情况汇报并现场检查核实有关情况。对有"三同时"审批意见的建设项目，未投入生产或使用的，检查污染防治设施主体工程是否同时施工；试生产期间的，检查污染防治设施是否建成并投入试运行，运行效果如何；已投入正常生产使用的，检查是否有验收手续，污染防治设施是否同时建成并投入使用。对没有办理相关环保手续的，属于异常。④检查限期治理项目的内容：限期治理项目在规定的期限内治理进展情况、是否治理到位、是否通过验收，未通过验收的是否停产治理；停产治理项目是否停产到位，有无未经同意擅自生产现象；关停项目是否关停到位，相关生产设备是否拆除到位，有无擅自生产现象。

第四，检查结果：①正常，填写检查记录。②异常，发现环境违法行为，检查人员现场取证制作现场检查（勘察）记录和询问笔录，经过当事人审查无误后签字或盖章。必要时，进行相关的声、像取证，并填写检查记录，然后将检查记录和相关的证据材料报本环境保护行政主管部门审查，决定是否立案。

在本案中，环保部门依法进行现场检查，主要是对污染源和污染设施的检查,如果环保部门现场检查遵循了法定的程序,事实清楚,适用法律正确,行政处罚程序合法,则法院应维持环保部门作出的行政处罚决定。

第四节 环境行政执法与环境司法

一 环境行政执法与环境司法的区别与联系

司法又被称为"法的适用",是指国家司法机关依据法定职权和法定程序,具体应用法律处理案件的专门活动。在中国,严格意义上的司法机关只有人民法院与人民检察院。日常生活中,人们习惯将公安机关、司法行政机关及监狱等也称为"司法机关",这是一种不正确的认识,因为它们属于国家行政机关的组成部分,称为广义上的"行政机关"尚可。[①]

环境司法,是指国家司法机关根据法定职权和法定程序,具体应用法律处理环境案件的专门活动,是实施环境法律的一种方式。环境司法与环境执法既有区别又有联系。环境司法与环境行政执法的区别在于:第一,主体不同。环境司法是由司法机关及其公职人员适用法律的活动;环境行政执法是由国家行政机关及其公职人员来执行法律的活动。第二,内容不同。环境司法活动的对象是案件,主要内容是裁决涉及法律问题的纠纷和争议及对有关案件进行处理;环境行政执法是以国家的名义对社会进行全面管理,环境行政执法的内容远比环境司法广泛。第三,程序性要求不同。环境司法活动有严格的程序性要求,违反程序,将导致环境司法行为的无效和不合法;环境行政执法活动也有程序规定,但由于本身的特点,特别是基于执法效能的要求,其程序性规定没有司法活动那样严格和细致。第四,主动性不同。环境司法活动具有被动性,案件的发生是引起司法活动的前提,司法机关(尤其是审判机关)不能主动去实施法律,只有在受理案

---

① 张文显:《法理学》,高等教育出版社、北京大学出版社1999年版,第306页。

件后才能进行应用法律的专门活动；环境行政执法则具有较强的主动性，对社会进行行政管理的职责要求行政机关应积极主动地去实施法律，而并不基于相对人的意志引起和发动。

环境司法与环境行政执法存在区别并不等于两者是割裂的，两者存在紧密的联系：第一，环境行政执法与环境司法在环境保护领域各司其职，相互配合。行政执法和司法都属于法的实施，环境行政执法与环境司法在实施环境法律中相互配合。我国环保执法机构并无强制执行权，需要依赖法院在执行上的保障，而司法的追究也需要环境行政执法的配合。第二，环境行政执法与环境司法相互制约。由于行政管理的复杂性、专业性、多变性、灵活性和广泛性，行政权最经常、最直接地与社会、公民发生密切联系，社会的需求又使得行政权的膨胀成为不可避免的祸害。因而行政权最需要自由而又最容易自由无度，最需要控制而又最难以控制。因此，在环境行政执法过程中需要司法进行监督和制约。第三，环境刑事司法的启动依赖环境行政执法，环境行政执法存在的问题会对刑事司法产生消极影响。与传统的自然犯罪，如抢劫罪、杀人罪不同，环境犯罪是一种典型的法定犯罪，环境犯罪的立法与环境行政法规具有密切联系。[①] 环境污染犯罪的认定以违反国家有关法律法规的规定为前提，环境刑事司法在移送程序、启动标准等方面严重依赖行政执法，环境行政执法在这些方面存在的障碍都会影响涉嫌环境污染犯罪案件的移送，造成环境行政机关有案不能移、有案不移（以罚代刑）、有案移不动，环境刑事司法程序启动困难。

★ 典型案例

案例42：紫金矿业集团股份有限公司紫金山金铜矿重大环境污染事故案

【案情简介】

自2006年10月份以来，紫金矿业集团股份有限公司紫金山金铜

---

① 张旭、高玥：《环境犯罪行为比较研究——以刑事立法为视角》，《吉林大学社会科学学报》2010年第1期。

矿（以下简称"紫金山金铜矿"）所属的铜矿湿法厂清污分流涵洞存在严重的渗漏问题，虽采取了有关措施，但随着生产规模的扩大，该涵洞渗漏问题日益严重。紫金山金铜矿于2008年3月在未进行调研认证的情况下，违反规定擅自将6号观测井与排洪涵洞打通。在2009年9月福建省环保厅明确指出问题并要求彻底整改后，仍然没有引起足够重视，整改措施不到位、不彻底，隐患仍然存在。2010年6月中下旬，上杭县降水量达349.7毫米。2010年7月3日，紫金山金铜矿所属铜矿湿法厂污水池HDPE防渗膜破裂造成含铜酸性废水渗漏并流入6号观测井，再经6号观测井通过人为擅自打通的与排洪涵洞相连的通道进入排洪涵洞，并溢出涵洞内挡水墙后流入汀江，泄漏含铜酸性废水9176立方米，造成下游水体污染和养殖鱼类大量死亡的重大环境污染事故，上杭县城区部分自来水厂停止供水1天。2010年7月16日，用于抢险的3号应急中转污水池又发生泄漏，泄漏含铜酸性废水500立方米，再次对汀江水质造成污染。致使汀江河局部水域受到铜、锌、铁、镉、铅、砷等的污染，造成养殖鱼类死亡达370.1万斤，经鉴定鱼类损失价值人民币2220.6万元；同时，为了网箱养殖鱼类的安全，当地政府部门采取破网措施，放生鱼类3084.44万斤。经法院审理，紫金矿业集团下属紫金山金铜矿和企业的5名原高管以"重大环境污染事故罪"被判刑，而作为国家工作人员的上杭县环保局紫金山环境监理站原站长包某、原副站长吴某以及上杭县环保局原局长陈某、副局长蓝某分别以环境监管失职罪等被判刑。

【案件评析】

在实践中，环境污染行为很多是由于环保部门在前期违法审批、滥用罚款、疏于管理造成的，环境污染行为往往与当地环保部门及政府机关的违法与不作为有关，环境刑事犯罪背后牵涉的是大量环境渎职行为。例如，在本案中，法院不仅对污染环境者判处了刑罚，还追究了相关行政人员的渎职责任，以环境监管失职罪对相关行政人员进行了判决。作为国家工作人员的上杭县环保局紫金山环境监理站原站长、原副站长以及上杭县环保局原局长、副局长，他们的失职之处在于，日常监管工作长期流于形式，放任下属不作为；疏忽大意，工作不认真,未发现企业整改中存在重大弊端。由于前期的失职行为,当环境污染事件发生后,为避免追究责任,国家机关工作人员对待环境污染事件的态度总是"大事化小,小事化了","以罚代刑",并未依法移送司法机关进行查处,最终使得企业有恃无恐,造成更加严重的污染和环境事件。因此,对于行政机关的行政行为应加强检察机关的监督,充分发挥司法对行政执法的监督和保障作用,以防止政府机关不履行环境保护职责以及履行环境保护责任不到位,成为制约我国环境保护事业发展的障碍。

二 环境执法与环境司法的衔接

环境行政执法与环境司法紧密联系,这其中环境行政执法与环境刑事司法的关系最为密切。一方面,环境刑事司法为行政执法提供强有力的刑事司法保障,共同打击环境犯罪;另一方面,环境行政执法是环境刑事司法的前提。环境行政执法和刑事司法存在内在一致性和相互衔接性,行为的违法性是污染环境的行为需要受到刑事处罚的前提条件,也就是说环境行政执法程序在环境刑事程序启动之前,当污染环境的行为严重到一定程度,达到法定标准时,就会被转入刑事司法程序。因此,为形成对环境领域违法行为重拳打击的态势,遏制环境不断恶化的趋势,需要促进行政执法机关与刑事司法机关之间的相互配合,建立行政执法与刑事司法衔接的长效机制,充分发挥环境行政执法和刑事司法的共同效力。

在环境行政执法与环境刑事司法的衔接程序上,主要包括行政执法机关对涉嫌犯罪案件的移送程序、公安机关对移送案件的受理和处理程序以及检察机关对行政执法机关移送涉嫌犯罪案件,公安机关受理、处理移送案件的监督程序等流程。近些年,环保部门不断加大环境行政执法力度,有力打击了环境违法行为,取得明显制裁效果和威慑作用。但是,由于行政执法机关与刑事司法机关对接不畅,在一些地区和部门中有案不移、有案难移、以罚代刑的问题仍然普遍存在。《中华人民共和国行政处罚法》第二十二条明确规定"违法性行为构成犯罪的,行政机关必须将案件移送司法机关,依法追究其刑事责任",但该法对于如何移送缺乏具体的可操作性规定;2001 年 7 月国务院制定了《行政执法机关移送涉嫌犯罪案件的规定》，此后最高人民检察院、公安部等有关机关联合或单独下发相关文件，我国行政执法与刑事司法相衔接机制逐步建立起来，确立了联席会议、案情通报、备案审查、线索移送及检察建议等制度。① 为加大对环境违法犯罪行为的打击力度，切实做好环境行政执法与刑事司法衔接工作，在环境行政执法与刑事司法的衔接方面，2007 年国家环境保护总局、公安部、最高人民检察院联合发布《关于环境保护行政主管部门移送涉嫌环境犯罪案件的若干规定》，该规定的目的是规范环境保护行政主管部门及时向公安机关和人民检察院移送涉嫌环境犯罪案件，依法惩罚污染环境的犯罪行为，防止以罚代刑。环保部和公安部也于 2013 年 11 月 14 日联合下发《关于加强环境保护与公安部门执法衔接配合工作的意见》，加强环境执法的衔接配合。在实践中，为了完善环境行政执法与刑事司法的衔接，一些省市通过设立环境警察、推动环境司法专门化、实施环境执法与司法联动机制等制度和措施来保障对污染行为及时制止和处理，使环境行政执法与司法共同发挥效力。

★ 相关法条

《中华人民共和国行政处罚法》	◆ 第七条 公民、法人或者其他组织因违法受到行政处罚，其违法行为对他人造成损害的，应当依法承担民事责任。 违法行为构成犯罪，应当依法追究刑事责任，不得以行政处罚代替刑事处罚。 ◆ 第二十二条 违法行为构成犯罪的，行政机关必须将案件移送司法机关，依法追究刑事责任。
《关于环境保护行政主管部门移送涉嫌环境犯罪案件的若干规定》	三、县级以上环境保护行政主管部门在依法查处环境违法行为过程中，发现违法事实涉及的公私财产损失数额、人身伤亡和危害人体健康的后果、走私废物的数量、造成环境破坏的后果及其他违法情节等，涉嫌构成犯罪，依法需要追究刑事责任的，应当依法向公安机关移送。 县级以上环境保护行政主管部门在依法查处环境违法行为过程中，认为本部门工作人员触犯《刑法》第九章有关条款规定，涉嫌渎职等职务犯罪，依法需要追究刑事责任的，应当依法向人民检察院移送；发现其他国家机关工作人员涉嫌有关环境保护渎职等职务犯罪线索的，也应当将有关材料移送相应的人民检察院。

---

① 吴云、方海明：《法律监督视野下行政执法与刑事司法相衔接的制度完善》，《政治与法律》2011 年第 7 期。

★ **典型案例**

案例43：昆明建立环境保护执法联动机制[①]

2008年开始，由昆明市政法委牵头，市中院、市检察院、市公安局和市环保局联合制定了《关于建立环境保护执法协调机制的实施意见》，实施意见加大了行政执法与刑事司法的衔接配合力度。明确环境保护行政执法机关在依法查处环境违法过程中，可将调查报告移交公安机关；发现渎职等职务犯罪时，可及时移交检察机关；人民法院应当及时审查、对裁定准予强制执行等。并且，昆明市率先在全国建立环境保护执法新机制。在昆明市公安局设立环境保护分局，以"环保警察"专门打击环境保护方面的违法犯罪；在市人民检察院设立环境保护检察处，负责办理涉嫌环境保护方面的犯罪案件起诉，职务犯罪案件侦查、起诉；在市中级人民法院设立环境保护审判庭，负责审理涉及环境保护的刑事、民事、行政和执法案件。三个机构的设置将为昆明环境保护行政执法工作提供强有力的司法保护。昆明市在全国首创司法与行政执法相互衔接、协调配合、联动执法的环境保护新机制，开创了昆明市环境司法保护的新局面。

案例44：常州市创建环境保护联动执法中心[②]

2009年4月，常州市武进区发生了一起倾倒有毒化工废液案。犯罪嫌疑人私下"承接"了化工企业不愿高成本处理的700吨有毒化工废液和固体废渣，并直接倾倒在太湖水道，造成严重后果，其性质十分恶劣。尽管案件的相关责任人员已经被依法追究刑事责任，但当时现有的措施不足以从根本上遏制作为委托方——化工企业的偷排行为。同样，对常州市环保部门来说，在环境执法过程中，往往只能予

[①] 陈鹏：《昆明率全国之先创新环境保护执法联动机制》，新华网（http://www.yn.xinhuanet.com/newscenter/2008-11/06/content_14849528.htm）。

[②] 范圣楠、李莉、高杰、董超：《常州环保联动执法中心破冰环境公益诉讼》，江苏环保网（http://www.jshb.gov.cn/jshbw/xwdt/sxxx/201301/t20130110_225117.html）。

以行政处罚，而具体涉及民事赔偿等问题，就显得束手无策。

在这种情况下，常州市检察院、公安、法院、环保等部门多次召开协调会。由常州市检察院牵头联合公检法和环保局等部门，提出了大胆改革现行环境执法体制，创立集环境公益讼诉行政、民事、刑事"三位一体"的多元化环保联合执法的新思路。由此，常州市人民检察院与常州市环保局牵头并联合常州市中级人民法院、公安局共同筹建环境保护联动执法中心。2011年8月联合颁发了《关于建立环境保护执法联动机制的暂行规定》，首先提出建立环保联动办案机制。2011年11月，经过各方共同努力，常州市成立了符合公益诉讼原告主体资格的环保民间组织——常州市环境公益协会。目前，常州市环境公益协会作为原告，分别打了两起环境公益诉讼。

2012年2月，溧阳市戴埠镇红武村发生了淤泥倾倒事件。在环保部门及当地政府部门的协调下，肇事者承诺，在2012年4月5日前处置清理完环境污染损害，但是直至2012年6月仍未清理干净。于是，常州市环境公益协会向溧阳市人民法院提交了公益起诉书。溧阳市人民法院水资源保护巡回法庭要求被告在鱼塘租用期限内不得将鱼塘用地用于食用类农作物种植或鱼类等养殖，被告还自愿捐赠了两万元给常州市环境公益协会，用于日后的环境公益诉讼。

2012年3月，常州市新北区人民检察院在了解到新北区西夏墅镇水塔口村发生非法倾倒化工废渣事件后，迅速派出业务骨干跟踪案件进展，及时与常州市环境公益协会联系探索开展环境公益诉讼。最终，相关责任单位一次性赔偿废物处置费等损失总计151.7万元。

常州市环保联动执法中心正式落成后，使环保联动执法机制得到进一步完善，它集环境诉讼案件集中办理、环保联动执法以及环保警示教育于一体，力争打造出"检察引导、联动执法、三位一体、维护公益"的环境维权新模式，初步实现了"一站式"的环境维权机制。在挂牌成立的常州市环保执法联动中心，不仅设置有环保检察工作站、环保巡回法庭，还设置了环保警务工作室以及环境公益协会4个机构。这个联动执法中心还建立了执法联动三级响应机制，即常州市"12369"接到污染举报投诉后，常州市环保部门赶赴现场，形成初步调查结论后,根据事情的严重程度,按照污染程度的3个级别,分别确定公安、检察机关等介入调查、固定证据,并最终进入行政处罚、刑事处罚、追究民事责任等处置工作程序。为进一步深化这项创新制度,2012年8月,常州市相关部门又联合颁发了《常州市环境保护执法联动制度》,对环境保护执法联动响应程序等予以明确,规范案件移送制度,完善各部门职责分工,畅通环保联动执法交流与沟通的渠道。

第四章

环境法律责任——违反环境法的不良后果

第一节 环境行政法律责任及其构成

一 环境行政法律责任的概念

环境行政法律责任是指环境行政法律关系的主体违反环境行政法律规范或不履行环境行政法律义务所应承担的法律上的不利后果。它具有以下特征:

首先,环境行政法律责任的主体是环境行政法律关系的主体,主要包括环境行政主体及其公务人员,也包括破坏环境管理秩序的环境行政相对人。环境行政主体,即依法享有国家的行政权力,以自己的名义实施环境行政管理活动,并独立承担由此产生的法律责任的组织。环境行政主体(包括法律、法规授权的组织)参与外部行政法律关系,可对相对人承担责任。而受委托的组织则是受环境行政主体的委托,以环境行政主体的名义进行活动,其行为的法律后果应由行政主体承担。受委托的组织仅对委托的行政机关承担内部行政责任。其次,环境行政法律责任是基于环境行政法律关系而产生的。它是法律关系主体不履行职责或义务而引起的法律后果。再次,环境行政法律责任是针对环境行政违法行为,即违反环境行政法律规范或不履行环境行政法律义务的行为而发生的。最后,环境行政法律责任是以环境行政法律规范所设定的职责或义务为基础的,环境行政法律规范是追究环境行政法律责任的根据。

★相关法条

《中华人民共和国侵权责任法》	◆ 第六十五条 因污染环境造成损害的，污染者应当承担侵权责任。
《中华人民共和国行政处罚法》	◆ 第七条 公民、法人或者其他组织因违法受到行政处罚，其违法行为对他人造成损害的，应当依法承担民事责任。 违法行为构成犯罪的，应当依法追究刑事责任，不得以行政处罚代替刑事处罚。

二 环境行政法律责任的构成要件

根据环境责任承担的主体不同，可将环境行政责任分为两类：一是行政主体及其公务人员的环境行政责任；二是行政相对人的环境行政责任。环境行政法律责任的构成要件如下：

（一）环境行政违法行为的存在

环境行政法律关系的主体实施了违反环境行政法律规范的行为或存在不履行环境行政法律义务的行为。一般来说，只有存在违法行为才产生法律责任，但在环境行政法中，环境行政主体的某些不当行政行为也能引起行政责任，这是行政主体的行政责任区别于民事责任和刑事责任的一个特点。

（二）主观过错

过错是行为人实施违法行为时的心理状态，分为故意和过失。在环境行政法律责任的构成中，过错是否为必备要件不能一概而论，应视不同主体而定。对于环境行政主体而言，只要其行为客观上违反了环境法律规范，就应追究其行政责任，而不问其主观上是否存在过错。对于受委托组织和行政公务人员而言，其行政责任多为惩罚性的，而惩罚性责任的功能主要是谴责和惩罚，其行政责任不仅以行为人的行为客观上破坏了法律关系和秩序为条件，而且需要以行为人主观上具有应受非难性为前提。对于环境行政管理相对人而言，其行政责任大多亦为惩戒性的，因此其环境行政责任构成要件中亦包括主观过错。但在行政法上，为保证行政效率，只要环境管理相对人的行为客观上违反了行政法律规范，即可推定其主观上具有过错，相对人如要推翻这种推定，应负举证责任。

（三）环境违法主体具有相应责任能力

在环境法律责任的承担主体中，应区别组织和个人。对于组织而言，其责任能力不尽相同，应区分外部责任主体和内部责任主体。外部责任主体是对外能以自己的名义从事活动并能独立承担法律后果的行政主体和作为行政管理相对人的法人或其他组织。而受委托从事行政管理活动的组织、行政公务人员在有过错的前提下也要承担内部法律责任，如行政追偿责任、行政处分。对于作为环境行政相对人的个人来说，是否具有责任能力应从其年龄和智力状态等方面判断，根据相关法律规定可得出，不满14周岁的未成年人和精神病人即使违反环境行政法律并造成污染或破坏环境的后果也不承担行政处罚责任。

（四）行为的危害后果

在环境法中，危害后果主要是指造成环境污染、自然资源或生态破坏以及造成公私财产损害或人身伤亡的结果。值得注意的是，危害后果是否可以作为环境行政责任的必要构成要件不能一概而论。一般地说，对于环境行政主体而言，只要其行为违法，不管是否造成危害后果，都应承担相应的行政法律责任，这是依法行政原则的要求。而对于作为行政相对人的公民、法人或其他组织而言，危害后果是否是行政责任的构成要件，则取决于相关法律规定。有的法律将危害后果作为责任构成要件，如《环境保护法》第六十三条；有的法律规定并不以危害后果作为责任构成要件，如《中华人民共和国环境保护法》第六十、六十一、六十二条。

（五）违法行为与危害后果之间的因果关系

在以危害后果作为责任构成要件时，因果关系也成为承担赔偿责任的构成要件。相应地，在不以危害后果为必要条件的场合，也不存在因果关系的证明问题。在环境损害赔偿中，因果关系往往较为复杂，一因多果、多因一果、多因多果的情况较为常见。在确定因果关系时要注意区分原因与条件、主要原因与次要原因。

综上所述，行为违法和主体具有行政责任能力是在所有场合下承担环境行政责任的必要条件，而主观过错、危害后果、因果关系不是在所有场合下的责任构成要件，它们只有在法律有明文规定的场合下才成为环境行政责任的必要条件，因此可称为选择要件。

★ **相关法条**

《中华人民共和国环境保护法》	◆ 第五十九条 企业事业单位和其他生产经营者违法排放污染物，受到罚款处罚，被责令改正，拒不改正的，依法作出处罚决定的行政机关可以自责令改正之日的次日起，按照原处罚数额按日连续处罚。 前款规定的罚款处罚，依照有关法律法规按照防治污染设施的运行成本、违法行为造成的直接损失或者违法所得等因素确定的规定执行。 地方性法规可以根据环境保护的实际需要，增加第一款规定的按日连续处罚的违法行为的种类。
	◆ 第六十条 企业事业单位和其他生产经营者超过污染物排放标准或者超过重点污染物排放总量控制指标排放污染物的，县级以上人民政府环境保护主管部门可以责令其采取限制生产、停产整治等措施；情节严重的，报经有批准权的人民政府批准，责令停业、关闭。
	◆ 第六十一条 建设单位未依法提交建设项目环境影响评价文件或者环境影响评价文件未经批准，擅自开工建设的，由负有环境保护监督管理职责的部门责令停止建设，处以罚款，并可以责令恢复原状。
	◆ 第六十二条 违反本法规定，重点排污单位不公开或者不如实公开环境信息的，由县级以上地方人民政府环境保护主管部门责令公开，处以罚款，并予以公告。
	◆ 第六十三条 企业事业单位和其他生产经营者有下列行为之一，尚不构成犯罪的，除依照有关法律法规规定予以处罚外，由县级以上人民政府环境保护主管部门或者其他有关部门将案件移送公安机关，对其直接负责的主管人员和其他直接责任人员，处十日以上十五日以下拘留；情节较轻的，处五日以上十日以下拘留： （一）建设项目未依法进行环境影响评价，被责令停止建设，拒不执行的； （二）违反法律规定，未取得排污许可证排放污染物，被责令停止排污，拒不执行的； （三）通过暗管、渗井、渗坑、灌注或者篡改、伪造监测数据，或者不正常运行防治污染设施等逃避监管的方式违法排放污染物的； （四）生产、使用国家明令禁止生产、使用的农药，被责令改正，拒不改正的。

《中华人民共和国环境保护法》	◆ 第六十七条 上级人民政府及其环境保护主管部门应当加强对下级人民政府及其有关部门环境保护工作的监督。发现有关工作人员有违法行为，依法应当给予处分的，应当向其任免机关或者监察机关提出处分建议。 依法应当给予行政处罚，而有关环境保护主管部门不给予行政处罚的，上级人民政府环境保护主管部门可以直接作出行政处罚的决定。
	◆ 第六十八条 地方各级人民政府、县级以上人民政府环境保护主管部门和其他负有环境保护监督管理职责的部门有下列行为之一的，对直接负责的主管人员和其他直接责任人员给予记过、记大过或者降级处分；造成严重后果的，给予撤职或者开除处分，其主要负责人应当引咎辞职： （一）不符合行政许可条件准予行政许可的； （二）对环境违法行为进行包庇的； （三）依法应当作出责令停业、关闭的决定而未作出的； （四）对超标排放污染物、采用逃避监管的方式排放污染物、造成环境事故以及不落实生态保护措施造成生态破坏等行为，发现或者接到举报未及时查处的； （五）违反本法规定，查封、扣押企业事业单位和其他生产经营者的设施、设备的； （六）篡改、伪造或者指使篡改、伪造监测数据的； （七）应当依法公开环境信息而未公开的； （八）将征收的排污费截留、挤占或者挪作他用的； （九）法律法规规定的其他违法行为。
	◆ 第六十九条 违反本法规定，构成犯罪的，依法追究刑事责任。

★ 典型案例

案例45：中华环保联合会诉贵州省某县环境保护局环境信息公开案①

【案情简介】

2011年10月，原告中华环保联合会向某县人民法院提起环境公益诉讼，起诉贵州某乳业有限公司超标排放工业污水。由于案件需要某公司的相关环保资料，原告便向被告某县环境保护局提出申请，要求被告向其公开某公司的排污许可证、排污口数量和位置、排放污染物种类和数量情况、经环保部门确定的排污费标准、经环保部门监测所反映的情况及处罚情况、环境影响评价文件及批复文件、"三同

---

① 王立主编：《环保法庭案例选编》，法律出版社2012年版，第22—26页。

时"验收文件等相关环境信息,并于 2011 年 10 月 28 日将信息公开申请已公证邮寄的方式提供给被告。被告在收到该信息公开申请表后,认为原告所申请公开的信息内容不明确,信息形式要求不具体、不清楚,获取信息的方式不明确,故一直未答复原告的政府信息公开申请,也未向原告公开其所具体申请的信息。故原告于 2011 年 12 月 12 日向贵州某县人民法院起诉,要求判决被告某县环保局对原告的政府信息公开申请予以答复,并向原告公开相关信息。

法院认为,原告中华环保联合会为环境公益诉讼的需要向被告某县环保局通过邮政快递的方式提出了环境信息公开的书面申请,并在申请中载明了申请人的名称、联系方式、申请公开的具体内容、获取信息的方式等,其申请环境信息的内容不涉及国家秘密、商业秘密、个人隐私,属于法定可以公开的政府环境信息,申请程序亦符合《中华人民共和国政府信息公开条例》第二十条、《环境信息公开办法(试行)》第十六条的规定。被告某县环保局未向原告公开所需信息的行为违反法律的规定。法院判决:被告某县环境保护局于判决生效起十日内对原告中华环保联合会的政府信息公开申请进行答复并按原告的要求向其公开贵州某乳业股份有限公司的相关环境信息。

【案件评析】

本案有两个值得关注的地方:

1. 被告某县环保局未向原告公开所需信息的行为,是否违法,是否应追究其环境行政责任?

具体来说,环境行政责任的构成要件有:环境行政违法行为的存在;主观过错;环境违法主体具有相应责任能力;危害后果;违法行为与危害后果之间的因果关系。行为违法和主体具有行政责任能力是所有场合下承担环境行政责任的必要条件,而主观过错、危害后果、因果关系为选择要件。就本案而言,首先,必须考察其行为是否违法。判断环境违法行为的标准之一是从行为的外部特征看其是否违反环境法律法规。本案根据《中华人民共和国政府信息公开条例》第十三条"除本条例第九条、第十条、第十一条、第十二条规定的行政机关主动公开的政府信息外,公民、法人或者其他组织还可以根据自身生产、生活、科研等特殊需要，向国务院部门、地方各级人民政府及县级以上地方人民政府部门申请获取相关政府信息"、第二十六条"行政机关依申请公开政府信息，应当按照申请人要求的形式予以提供；无法按照申请人要求的形式提供的，可以通过安排申请人查阅相关资料、提供复制件或者其他适当形式提供"的规定，被告某县环保局未向原告公开所需信息的行为违反法律的规定。其次，环境违法主体被告某县环保局按法律规定向公民、法人及其他组织公开政府信息是其义务和责任，其具有相应责任能力。最后，被告某县环保局在法定期限内既未向原告公开相关环境信息，也未对原告申请予以答复，具有主观过错。因此具备环境行政责任的构成要件，被告某县环保局应当承担环境行政责任。

2. 本案中原告申请环境信息公开的条件是否具备、程序是否合法？

首先，依法获取环境信息，是公民、法人和其他组织的一项重要权利，是公众参与环境保护、监督环保法律实施的一种重要途径，且相关法律法规对环境信息公开的范围、信息公开的程序和方式、监督和保障都作出了详细的规定。环境信息应以公开为原则，以不公开为例外。本案中原告中华环保联合会因环境公益诉讼案件的需要向被告某县环保局通过邮政快递的方式提出了环境信息公开的书面申请，并在申请中载明了申请人的名称、联系方式、申请公开的具体内容、获取信息的方式等，其申请环境信息的内容不涉及国家秘密、商业秘密、个人隐私，属于法定可以公开的政府环境信息。因此，本案中原告申请环境信息的条件具备。

其次，根据《中华人民共和国政府信息公开条例》第二十条"公民、法人或者其他组织依照本条例第十三条规定向行政机关申请获取政府信息的，应当采用书面形式（包括数据电文形式）；采用书面形式确有困难的，申请人可以口头提出，由受理该申请的行政机关代为填写政府信息公开申请。政府信息公开申请应当包括下列内容：（一）申请人的姓名或者名称、联系方式；（二）申请公开的政府信息的内容描述；（三）申请公开的政府信息的形式要求"、《环境信息公开办法（试行）》第十六条"公民、法人和其他组织依据本办法第五条规定申请环保部门提供政府环境信息的,应当采用信函、传真、电子邮件等书面形式;采取书面形式确有困难的,申请人可以口头提出,由环保部门政府环境信息公开工作机构代为填写政府环境信息公开申请。政府环境信息公开申请应当包括下列内容:(一)申请人的姓名或者名称、联系方式;(二)申请公开的政府环境信息内容的具体描述;(三)申请公开的政府环境信息的形式要求"的规定,本案中原告申请环境信息的程序符合法律规定。

案例46:浙江省某地环保局行政不作为案①

【案情简介】

浙江省某地某塑料化工厂,由于工人操作失误,致使化工原料苯乙烯大量泄漏到排水沟,苯乙烯比水轻,极易挥发,而排水沟正好流经距工厂100米的更楼中心小学,致使大量的苯乙烯飘到学校里,造成该地中心小学正在上课的345名学生发生头昏、恶心、呕吐、腹痛等刺激性反应,经医院诊断为苯乙烯气体刺激反应。苯乙烯是一种剧毒化学物品,腐蚀性很大,对人体的中枢神经系统有严重影响,人体接触有可能致死、诱发癌症,是国际卫生组织确认的致癌物。所以这是一起严重的环境污染责任事故。事故调查后,某地市劳动部门对这个事件作出了处理:第一是要求企业停产整顿;第二是对企业罚款89万元。

事故发生后,数百名学生家长先后请求浙江省环保局、该地所属市政府及环保局对该企业作出应有的行政处罚,但是有关环境保护行政机关并没有作出任何具体行政行为。某地中心小学345名学生认为环保部门没有履行环境监测、环境行政处罚等职责,遂以浙江省环保局环境行政不作为为由,向法院提起诉讼。

【案件评析】

本案有两个值得关注的地方:

---

① 张璐主编:《环境与资源保护法案例与图表》,法律出版社2010年版,第104—105页。

1. 浙江省环保局以及某地环保局的行为是否合法？是否应当承担环境行政责任？

在本案中，数百名学生因遭受苯乙烯的侵害而中毒，已经属于重大环境污染事故，浙江省环保局以及该地所属市环保局作为当地环境保护行政主管机关，对于这种发生在其辖区内的特大环境污染事故，应负有调查取证并及时作出相应行政处罚和行政处理决定的职责；但是在经受害学生的家长多次请求后，仍未履行职责，这已经构成了环境行政不作为，已经违反了《中华人民共和国环境保护法》第三十一条和第三十二条之规定。因此，作为环境保护行政主管机关的浙江省环保局以及该地所属市环保局应就其不作为行为承担相应的环境法律责任，主要是环境行政法律责任。

2. 劳动部门的行政处罚能否替代环境行政主管部门的行政处罚？

在本案中，尽管该地市劳动局已经对该塑料化工厂作了相应的行政处罚，但是，由于本案不是企业与劳动者发生的劳动争议，而是污染环境的企业与受害学生之间的环境污染损害争议，因此，劳动部门的行政处罚行为并不能替代环境行政主管部门的履行职责行为。也就是劳动部门对于该公司的处罚并不能成为相关环境保护主管部门行政不作为的理由。所以环境保护行政主管部门属于行为违法，应当承担环境行政责任。

案例47：渤海特大石油污染事件

【案情简介】

2006年3月至4月间，河北省乐亭县等地沿海滩涂，陆续出现了大面积漂浮的原油，给渔业生产和海洋生态环境造成了严重损害，养殖贝类纷纷死亡，养殖户们损失惨重。他们到处打听溢油的来源和污染肇事者，有关部门秘而不宣、封锁消息，除了安排人力清除油污外，没有为受害人索赔提供信息，也没有帮助他们委托鉴定机构。海洋环境监测部门到现场提取溢油样品后，检测分析的结果也无人透露。牛某等人联名给国家海洋局局长写信，要求告知此次原油污染的肇事者，没有得到任何回应。他们便于2006年11

月，向国家海洋局申请行政复议。该局没有受理申请，但随后在《2006年海洋环境状况公报》中，披露了这起渤海特大石油污染案的情况，提供了污染肇事者的基本线索。但是，公报回避了胜利油田海底输油管溢油是否影响唐山沿海的问题。2008年，事件出现转机。国家海洋局做出了《案件调查终结报告》，指出了责任人溢油影响范围。

【案件评析】

突发海洋环境污染事故的发生和处置情况，属于政府主管部门应予公开的环境信息。需要强调的是，我国法律规定，在处置突发环境事件中形成的信息资料，包括鉴定结论、监测数据、内部报告等，都应当向社会公开，让受害人知道，为追究肇事者的法律责任提供便利。因此，本案有两个值得关注的地方：

1. 逾期不予答复等行政不作为行为，导致环境行政责任的产生。

在本案中，国家海洋局和当地海洋环境主管部门不仅未能及时公开中国石油化工股份公司已造成海洋污染的有关环境信息，而且对于本案的牛某等人提出的行政复议逾期不予答复，显然已经违反了《中华人民共和国政府信息公开条例》、《环境信息公开办法（试行）》等有关法规、规章的规定，是一起典型的环境行政机关逾期不履行环境法定义务的行政不作为行为，从而导致环境行政责任的产生。

2. 环境行政机关侵犯公民环境知情权亦须承担环境行政责任。

环境知情权是公民的重要权益之一，公开环境信息也是具有环境监督管理职责的政府部门的职责。在民主和法制日益发展的今天，以信息透明和决策民主为趋势的信息公开制度已经成为法治国家发展的新趋势。但在我国传统的"命令—控制"式的环境行政指导思想的支配下，除了一些相关的企业外，环境信息的获得者仅仅局限于中央和地方政府。《里约宣言》中早就提及环境保护需要公众的积极参与，参与的前提便是知情，知情权的制度保障即是环境信息公开制度。

第二节 环境违法行为主体的行政法律责任

一 环境违法行为主体行政法律责任的概念

环境违法行为主体行政法律责任是指环境违法行为主体违反环境行政法律规范或不履行环境行政法律义务所应承担的法律上的不利后果。从责任主体看,环境违法行为主体行政法律责任分为环境行政主体的环境行政法律责任和环境行政相对人的环境行政法律责任。环境违法行为主体行政法律责任,是由有关环境行政法律规范具体规定,没有环境行政法律规范的明文规定,其环境行政法律责任不能成立。

二 环境违法行为主体行政法律责任的归责原则

环境违法行为主体行政法律责任的归责,是指由特定国家机关或国家授权的组织依法对环境违法行为主体的行政法律责任进行判断和确认,其应遵循下列基本原则:

(一) 环境责任法定原则

环境责任法定原则,是指法律责任应当由环境法律规范预先规定,当出现违法行为或法定事由的时候,按照事先规定的责任性质、责任范围、责任方式追究行为人的责任。责任法定原则具体要求:第一,环境行政责任职能由特定的国家机关或被授权的组织归结和确认,这是环境行政责任作为一种法律责任与道德责任的重要区别之一。第二,环境行政责任的归责必须要有明确的法律依据,防止责任擅断和"非法责罚";国家的任何归责主体都无权追究行为人法律明文规定以外的责任。第三,要反对有害追溯,不能根据事后的法律追究在先行为的责任或加重责任。

(二) 责任自负原则

责任自负原则是指谁违反了法律,就由谁承担法律责任,国家法律只追究参与了违法行为的责任主体,而不能株连家属或其他人。该原则具体要求如下：第一，违法行为人应对自己的违法行为负责。第二，不能由没有违法行为的人承担法律责任，即反对株连和变相株连。第三，要保证责任人受到法律追究，也要保证无责任者不受法律追究，即做到不枉不纵。

（三）公正原则

公正包括分配的公正和矫正的公正，实质的公正和形式的公正。在环境行政责任的归责中，贯彻公正原则就要求：第一，对任何环境行政违法行为都应依法追究其相应的行政责任，这是"公民在法律面前人人平等"的要求和体现。第二，环境行政责任的承担与违法行为或损害后果相均衡，即要求环境行政责任的种类、方式、轻重应与违法的主观恶性及损害后果相适应。第三，公正原则要求在追究环境行政责任时应依据法定程序，非依法定程序不得追究责任。

三　环境违法行为主体行政法律责任的承担方式

（一）环境行政机关承担责任的方式

环境行政机关承担责任的方式主要有以下四种：

①撤销违法行政行为；

②履行法定职责；

③纠正不当的环境行政行为；

④行政赔偿。

此外，环境行政主体承担责任的方式还有：通报批评、赔礼道歉、承认错误、恢复名誉、消除影响、返还权益、恢复原状，等等。① 这些方式虽然有民事责任的特征，但是其为环境行政主体因其违法、不当行政或不作为而承担的责任形式，从而带有行政色彩，为行政主体的行政责任承担方式。

---

① 张梓太：《环境法律责任研究》，商务印书馆2004年版，第154页。

★相关法条

《中华人民共和国公务员法》	◆ 第一百〇一条 对有下列违反本法规定情形的，由县级以上领导机关或者公务员主管部门按照管理权限，区别不同情况，分别予以责令纠正或者宣布无效；对负有责任的领导人员和直接责任人员，根据情节轻重，给予批评教育或者处分；构成犯罪的，依法追究刑事责任： ……
《中华人民共和国国家赔偿法》	◆ 第二条 国家机关和国家机关工作人员行使职权，有本法规定的侵犯公民、法人和其他组织合法权益的情形，造成损害的，受害人有依照本法取得国家赔偿的权利。 本法规定的赔偿义务机关，应当依照本法及时履行赔偿义务。
《环境保护违法违纪行为处分暂行规定》	◆ 第二条 国家行政机关及其工作人员、企业中由国家行政机关任命的人员有环境保护违法违纪行为，应当给予处分的，适用本规定。 法律、行政法规对环境保护违法违纪行为的处分作出规定的，依照其规定。 ◆ 第三条 有环境保护违法违纪行为的国家行政机关，对其直接负责的主管人员和其他直接责任人员，以及对有环境保护违法违纪行为的国家行政机关工作人员（以下统称直接责任人员），由任免机关或者监察机关按照管理权限，依法给予行政处分。 企业有环境保护违法违纪行为的，对其直接负责的主管人员和其他直接责任人员中由国家行政机关任命的人员，由任免机关或者监察机关按照管理权限，依法给予纪律处分。
《中华人民共和国行政处罚法》	◆ 第五十五条 行政机关实施行政处罚，有下列情形之一的，由上级行政机关或者有关部门责令改正，可以对直接负责的主管人员和其他直接责任人员依法给予行政处分： （一）没有法定的处罚依据的； （二）擅自改变行政处罚的种类、幅度的； （三）违反法定的行政处罚程序的； （四）违反本法第十八条关于委托处罚的规定的。
《中华人民共和国行政许可法》	◆ 第七十一条 违反本法第十七条规定设定的行政许可，有关机关应当责令设定该行政许可的机关改正，或者依法予以撤销。
《中华人民共和国大气污染防治法》	◆ 第六十四条 环境保护行政主管部门或者其他有关部门违反本法第十四条第三款的规定，将征收的排污费挪作他用的，由审计机关或者监察机关责令退回挪用款项或者采取其他措施予以追回，对直接负责的主管人员和其他直接责任人员依法给予行政处分。
《中华人民共和国固体废物污染环境防治法》	◆ 第六十七条 县级以上人民政府环境保护行政主管部门或者其他固体废物污染环境防治工作的监督管理部门违反本法规定，有下列行为之一的，由本级人民政府或者上级人民政府有关行政主管部门责令改正，对负有责任的主管人员和其他直接责任人员依法给予行政处分；构成犯罪的，依法追究刑事责任： （一）不依法作出行政许可或者办理批准文件的； （二）发现违法行为或者接到对违法行为的举报后不予查处的； （三）有不依法履行监督管理职责的其他行为的。

★ 典型案例

案例48：河南国家级高新区整治环保滥用职权引发诉讼①

【案情简介】

河南省南阳高新区M加工厂于2004年11月成立，同年该厂开始生产。2005年10月13日，因严重污染环境，南阳市环境保护局查实后下文，认定该厂在无任何环保审批手续的情况下，违法生产，对周边环境造成污染，责令：（1）立即停止生产；（2）自接到本通知之日起，到河南省环保局按环保审批程序办理有关环保手续；（3）项目未经河南省环保局审批同意，不得擅自开工生产，否则，将依法追究有关人员的责任。同时该文要求"南阳市环境监察支队和高新区委负责监督该项目停止建设和补办环评手续工作。并要求高新区委应依法收回该厂的工商营业执照"。2005年12月15日，该厂向河南省环保局申请补办该厂环评手续，省环保局认为该厂项目不符合有关规定，不予受理该厂环评申请，并认定该厂未批先建，要求南阳市环保局依法处理。2007年7月31日，高新区环保局向南阳市电业局送发一份文件，请市电业局对该厂实施断电处理。2007年8月6日，南阳供电公司西郊农电公司靳岗供电所根据高新区环保局文件精神对该厂生产用电进行停电处理；2009年5月18日，高新区环保局向南阳供电公司靳岗供电所又送发一份文件，函请该所对M加工厂实施断电；同日，高新环保局向该厂送达停产通知，责令该厂停止生产。

2010年12月9日，M加工厂对高新区环保局的停电通知不服，因高新区环保局不具有法人资格，于是一纸诉状将南阳市高新区委告到了南阳市卧龙区人民法院，请求人民法院确认被告作出的停产通知违法并予以撤销，同时应赔偿该厂停产及各项经济损失270万元。

---

① 范传贵：《环保局对污染企业断电被判违法行政》，《法制日报》2011年9月19日第8版。

2011年5月18日，南阳市卧龙区人民法院经审理后认为：

（1）根据《中华人民共和国环境影响评价法》第三十一条规定："建设单位未依法报批建设项目环境影响评价文件擅自开工建设的，由有权审批该项目的环境保护行政主管部门责令停止建设，限期补办手续"；"建设项目环境影响评价文件未经批准建设单位擅自开工建设的，由有权审批该项目环境影响评价文件的环境保护行政主管部门责令停止建设"。《河南省建设项目环境保护管理条例》第十九条规定："县级以上人民政府环境保护行政主管部门，应当对建设项目在建设过程中的环境保护措施落实情况进行检查，发现建设项目未按环境影响评价文件和审批意见进行建设的，应当及时向审批机关报告。"第二十七条规定："建设单位未依法报批建设项目环境影响评价文件或者报批后未获批准擅自开工建设的，由有审批权的环境保护行政主管部门按照《环境影响评价法》第三十一条的规定处罚。建设单位未取得环境保护行政主管部门批准的环境影响评价文件，建设项目投入生产使用的，由有审批权的环境保护行政主管部门责令其停止生产使用，其中，属于国家允许建设的项目，责令限期补办环境影响评价手续；属于国家禁止建设的项目，由有管辖权的县级以上人民政府责令限期拆除。"该条例第三十一条规定："建设项目擅自投入试生产的，由审批机关责令停止试生产"，环境保护部《建设项目环境影响评价文件分级审批规定》第八条第一项规定："有色金属冶炼等对环境可能造成重大影响的建设项目环境影响评价文件由省级环境保护部门审批。"依据职权法定的原则，行政机关实施行政管理，应当依照法律、法规、规章的规定进行。上述法律法规及规章并未授予被告作出停电、停产通知的权力。本案中，原告未依法报批环境影响评价文件擅自开工建设并投入生产使用，应当由有权审批该项目的环境保护行政主管部门河南省环保局进行相应处罚。被告高新区委在无法律授权、无法律依据的情况下于2009年5月18日致函靳岗供电所要求其对原告进行断电并通知该厂停产的行为违法。

（2）《中华人民共和国国家赔偿法》第二条第一款规定："国家机关和国家机关工作人员违法行使职权侵犯公民、法人和其他组织合法权益造成损害的,受害人有依照本法取得国家赔偿的权利。"合法权益是法律规定或确认或不禁止的公民合法人身、财产和其他权益,据该条规定,非法利益不应受保护。本案中,原告作为化学原料生产企业,根据《中华人民共和国环境影响评价法》第十六条第二款第一项:"可能造成重大环境影响的,应当编制环境影响报告书,对产生的环境影响进行全面评价";依《河南省建设项目环境保护管理条例》第九条规定:"建设单位应当在开工建设前报批建设项目环境影响评价文件。首先应当取得环保审批",原告在未办理环评的情况下违法建设、生产,其利益是非法的,不应受到法律保护。

最后,法院审理判决:(一)确认被告高新区委2009年5月18日致函靳岗供电所要求其对原告进行断电并于同日通知原告停产的行为违法;(二)驳回原告要求赔偿的诉讼请求。

【案件评析】

本案有两个值得关注的地方:

1. 环境行政机关滥用职权,必须承担法律责任。

依法行政,按法办事,是我国政府依法治国伟大战略,也是对每个行政机关的根本要求。然而,河南省南阳市国家级高新技术产业开发区管委会在整治环保行政事务中,竟滥用职权通知停电、停产,从而引发了一场全国罕见的因环境行政执法引发的"民告官"巨额索赔案。本案经过法院二审,南阳市中级人民法院再次判决该区委败诉,其通知断电停产的行政行为被判决确认违法。因为通知断电行为已经做出,后果已经产生,这一行为无法撤销。故而法院在判决中确认这一具体行政行为违法。

2. 造成的损害系受害人非法利益,不受法律保护。

本案中,还有一个值得关注的地方,即本案原告M加工厂开工生产法律责任的承担问题,该钒业加工厂在无任何环保审批手续的情况下开工生产,且已经对周边环境造成污染,系违法生产,其产生的利益是非法收益,不应该受到法律的保护。因此,两级法院根据事实和依据法律,判定原告系违法生产,其270万元的巨额索赔请求被驳回。从而,既捍卫了法律尊严,又有力地监督了依法行政。

(二)公务人员承担责任的方式

对于公务人员而言,主要承担环境行政责任的方式如下:

①通报批评;

②接受身份处分;

③行政处分;

④承担行政赔偿责任和刑事责任。

其中身份处分是指公务人员身份的丧失。

★ 相关法条

《中华人民共和国公务员法》	◆ 第五十六条 处分分为:警告、记过、记大过、降级、撤职、开除。 ◆ 第一百〇四条 公务员主管部门的工作人员,违反本法规定,滥用职权、玩忽职守、徇私舞弊,构成犯罪的,依法追究刑事责任;尚不构成犯罪的,给予处分。
《中华人民共和国环境保护法》	◆ 第六十八条 地方各级人民政府、县级以上人民政府环境保护主管部门和其他负有环境保护监督管理职责的部门有下列行为之一的、对直接负责的主管人员和其他直接责任人员给予记过、记大过或者降级处分;造成严重后果的,给予撤职或者开除处分,其主要负责人应当引咎辞职: ……

★ 典型案例

案例49:贵州省某县非法批准采矿案

【案情简介】

贵州省某县县委、县政府先后非法批准三家企业进入只能由国务院地矿行政主管部门批准开采的特大型金矿区进行开采。由于企业采选技术落后,乱采滥挖,导致金矿资源遭到严重破坏,矿区环境恶化。某县县委、县政府在国土资源部、贵州省人民政府及有关部门要求其整顿时,仍然坚持其错误认识,不采取措施予以整改。贵州省地矿厅依法作出行政处罚,没收非法采矿企业的违法所得和违法开采的矿石,并处以罚款,责令某县政府撤销非法批准开采金矿的文件。贵州省纪委、监察厅决定给予县委书记安某党内严重警告处分、给予县长王某行政记大过处分。

【案件评析】

本案有三个值得关注的地方：

1. 环境行政处分的对象。

环境行政处分的对象有两种：（1）企事业单位中实施了破坏或者污染环境的行为，情节较重但又不够刑事惩罚的有关责任人员，法律依据有：《中华人民共和国环境保护法》第三十八条、《中华人民共和国大气污染防治法》第六十一条、《固体废物污染环境防治法》第八十二条等。这些规定加强了负有污染防治职责的领导人员和责任人的环保意识和责任心，从而减少行政违法行为。（2）环境保护监督管理部门的工作人员在执法活动中滥用职权、玩忽职守、徇私舞弊但又尚未构成犯罪的，给予行政处分，法律依据有：《中华人民共和国环境保护法》第四十五条、《中华人民共和国水污染防治法》第六十九条、《中华人民共和国大气污染防治法》第六十五条、《中华人民共和国固体废物污染环境防治法》第六十七条、《中华人民共和国野生动物保护法》第三十八条、《环境保护违法违纪行为处分暂行规定》等。这些规定对环境保护监督管理机关及其公职人员提出了严格的法律要求，有助于国家机关秉公执法和公众的监督。

2. 环境行政处分的依据和种类。

环境行政处分的依据主要是《中华人民共和国公务员法》、《中华人民共和国环境保护法》、各种自然资源保护和污染防治法单行法以及《行政机关公务员处分条例》和《环境保护违法违纪行为处罚暂行规定》。根据《中华人民共和国公务员法》、《行政机关公务员处分条例》和相关环境法律法规的规定，对国家工作人员的行政处分分为如下六种：警告、记过、记大过、降级、撤职、开除。此外，在实践中还有"留用察看"（也称为开除留用察看）的处分形式。留用察看是指行政机关对受处分人决定予以开除，但仍留在原单位担任一定的工作，经过一定时间再根据其表现（悔改程度）决定对其是否实施开除处分。

3. 环境行政处分和环境行政处罚的区别。

行政处分与行政处罚都有行政制裁的性质，但二者主要有以下区别：第一，行政处分由受处分人所在单位或者政府主管机关作出；行政处罚由有管辖权的环境保护监督管理部门作出。第二，行政处分是一种身份责任，对执行环境保护公职的人员科处；公职人员在执行职务以外实施的破坏或污染行为，则应受行政处罚。第三，制裁的内容和程序不同。行政处分包括警告、记过、记大过、降级、撤职、开除等形式；行政处罚则包括罚款、责令重新安装使用、责令停业或者关闭等形式，其中大多数形式只能对单位实施。第四，制裁的目的和作用不同。行政处分主要是惩罚不称职者，教育其今后自觉履行环境保护公职；行政处罚主要是通过经济（罚款）上的制裁来促使其履行环境保护义务，其中责令重新安装使用，责令停产治理、责令停业、关闭等，则是使其不能继续破坏或者污染环境。

案例50：镉污染事件，广西河池市 9 名官员被问责①

【案情简介】

2012 年 1 月 15 日，广西龙江河拉浪水电站网箱养鱼出现少量死鱼现象，经查，龙江河宜州拉浪码头前 200 米水质重金属超标 80 倍。龙年春节，龙江河段检测出重金属镉含量超标，使得沿岸及下游居民饮水安全遭到严重威胁。有关专家介绍，重金属镉具有毒性，长期过量接触镉会引起慢性中毒，影响人体肾功能。

事件发生后，自治区纪委、监察厅迅速会同有关部门和单位组成调查组展开调查。经查，河池市政府及有关部门、相关责任人在履行职责方面存在失职、渎职行为，对龙江河突发环境事件负有重要责任，已责令河池市委、市政府向自治区党委、自治区人民政府作出深刻检查，同时依据有关法律法规和相关条例，决定对以下责任人作出严肃处理：

---

① 李斌：《镉污染事件中，河池 9 官员被问责》，2012 年 2 月 4 日，新华网（http：//newsxinhuahet.com/mrdx/2012-02/04/C-131390978.htm）。

河池市金城江区环保局党组成员、环保监察大队大队长蓝群峰，对辖区内企业非法排污监管严重失职，对龙江河突发环境事件负有直接责任，给予撤销党内职务、行政撤职处分；涉嫌渎职犯罪，移送司法机关依法处理。

河池市金城江区环保局环保监察大队副大队长韦毅，对辖区内企业非法排污监管严重失职，对龙江河突发环境事件负有直接责任，给予行政撤职处分；涉嫌渎职犯罪，移送司法机关依法处理。

河池市环保局党组书记、局长吴海惡，作为市环境保护部门主要领导，对龙江河突发环境事件负有主要领导责任，给予撤销党内职务、行政撤职处分。

河池市金城江区政府党组成员、副区长韦太高，作为分管环境保护工作的城区政府领导，对龙江河突发环境事件负有主要领导责任，给予撤销党内职务、行政撤职处分。

河池市金城江区环保局党组副书记、局长蓝永顺，作为城区环境保护部门主要领导，对龙江河突发环境事件负有主要领导责任，给予撤销党内职务、行政撤职处分。

河池市工商局金城江区分局副局长潘朗明，作为分管企业注册的部门领导，在非法变更经营范围的企业进行工商年检登记时予以审批，对龙江河突发环境事件负有重要领导责任，给予行政撤职处分。

河池市金城江区经贸局党组成员、副局长尹卫华，作为分管工业环境保护工作的部门领导，对龙江河突发环境事件负有主要领导责任，给予撤销党内职务、行政撤职处分。

河池市金城江区区委副书记、区长韦永福，作为城区政府的主要领导，对龙江河突发环境事件负有重要领导责任，给予行政记大过处分。

河池市政府党组成员、副市长李文纲，作为分管环保工作的政府领导，对龙江河突发环境事件负有重要领导责任，给予行政记过处分。

【案件评析】

本案值得关注的是环境问责问题。

所谓环境问责制，是按照一定的程序，对政府环保责任的履行情况进行检查考评，对因为环境行政违法行为或是环境行政不作为行为而造成的环保责任缺失的地方政府、政府主要负责人、分管环保工作的负责人、环保行政主管部门负责人以及肇事企业负责人等相关责任人追究失职责任。国家监察部、国家环境保护总局2006年2月20日公布了《环境保护违法违纪行为处分暂行规定》（以下简称《暂行规定》），这是我国出台的首个环境问责制度。《暂行规定》的公布实施，对于环保问责制的建立和完善具有里程碑的意义。建立健全环保问责制，必须问责对象明确、问责内容具体、问责程序科学、问责处理严肃、问责管理得当。

结合本案分析，在镉污染事件发生之后，广西壮族自治区纪委、监察厅迅速会同有关部门和单位组成调查组展开调查。在调查核实的基础上，遵循法定程序，认定河池市政府及有关部门、相关责任人在履行职责方面存在失职、渎职行为，对龙江河突发环境事件负有重要责任，依此进行了上述环境行政问责。该问责符合对象明确、内容具体、程序科学、处理严肃等环境问责的基本要求。

在此，还需要说明的是，对于广西龙江河突发环境事件，一些排污企业同样应当承担相应的法律责任。企业和企业法人除了要承担相应的刑事责任、民事责任之外，还应承担相应的行政责任。目前，依据我国相关法律规定，对企业和企业法人环境行政责任的追究主要是由国家相关主管行政机关依据法定的程序来进行，该法律程序与环境行政问责程序存在显著的差异，二者之间的差别主要是法律责任追究的对象不同：一个是行政主体外部的行政相对人，如企业等；一个是行政主体内部的国家公职人员。

（三）行政相对人违法承担环境行政法律责任的方式

企业、公民和其他法人组织作为行政相对人，倘若其行为违法，则应当承担环境行政法律责任，其承担行政法律责任的方式主要包括如下五种情形：

①承认错误、赔礼道歉；

②履行法定的义务；

③接受行政处罚；

④恢复原状，返还原物；

⑤赔偿损失。

★相关法条

《中华人民共和国侵权责任法》	◆ 第十五条 承担侵权责任的方式主要有：（一）停止侵害；（二）排除妨碍；（三）消除危险；（四）返还财产；（五）恢复原状；（六）赔偿损失；（七）赔礼道歉；（八）消除影响、恢复名誉。 以上承担侵权责任的方式，可以单独适用，也可以合并适用。
《中华人民共和国行政处罚法》	◆ 第三条 公民、法人或者其他组织违反行政管理秩序的行为，应当给予行政处罚的，依照本法由法律、法规或者规章规定，并由行政机关依照本法规定的程序实施。 没有法定依据或者不遵守法定程序的，行政处罚无效。 ◆ 第八条 行政处罚的种类： （一）警告；（二）罚款；（三）没收违法所得、没收非法财物；（四）责令停产停业；（五）暂扣或者吊销许可证、暂扣或者吊销执照；（六）行政拘留；（七）法律、行政法规规定的其他行政处罚。
《环境行政处罚办法》	◆ 第十条 根据法律、行政法规和部门规章，环境行政处罚的种类有： （一）警告；（二）罚款；（三）责令停产整顿；（四）责令停产、停业、关闭；（五）暂扣、吊销许可证或者其他具有许可性质的证件；（六）没收违法所得、没收非法财物；（七）行政拘留；（八）法律、行政法规设定的其他行政处罚种类。

★典型案例

案例51：重庆X市C公司不服X市环保局行政处罚案

【案情简介】

2002年11月，原告X市C公司向被告X市环保局申报了《重庆市（企业）排放污染物申报与变更申报登记表》，其中，废水处理设施情况为"废水闭路循环设施"。2007年3月12日，X市环保局到原告处进行检查，发现该市C公司生产废水循环池底部渗漏，造成生产废水直接外排，对水环境造成一定影响。X市环保局在环境保护现场监察记录单中要求C公司立即对废水循环池进行修复，确保生产废水全闭路循环。该市环保局对现场进行了拍照，对废水进行了采样。随后，X市环保局进行了立案调查。2007年3月20日，X市环境监测站作出了监测报告，结论为依照GB8978—96《污水综合排放标准》一级标准规定，C公司废水处理池渗漏悬浮物超过12.1倍。2007年3月22日，X市环保局向C公司送达了行政处罚事先告知书。2007年4月28日，X市环保局作出永环罚字[2007]24号行政处罚决定书。X市环保局根据《重庆市环境保护条例》第五十条第十款和《重庆市环境保护奖励与处罚办法》第十六条之规定，对C公司处以行政罚款2万元。同月30日，X市环保局向C公司进行了送达。C公司不服，于2007年5月14日向X市人民法院提起行政诉讼。

初审、二审法院认为，X市环保局提供的证据的形式和取得合法，符合证据真实性的要求，能对本案待证事实起证明作用，具有关联性。根据《中华人民共和国环境保护法》第七条规定："县级以上地方人民政府环境保护行政主管部门，对本辖区的环境保护工作实施统一监督管理。"《重庆市环境保护奖励与处罚办法》第七条规定："区县（自治县、市）环境保护行政主管部门管辖本行政区域内的违反环境保护法律法规的案件。"因此，X市环保局具有对本辖区内的环境保护工作实施监督管理以及对违反环境保护法律法规的案件进行查处的职权。X市环保局在发现C公司以不正当方式排放生产废水污染环境后，立即进行了现场调查，并制作了相应证据。随后该局登记立案进行调查，交由具有法定资质的X市环境监测站进行监测。该站依法监测后出具了监测报告，C公司废水处理池渗漏悬浮物超过国家规定的排放标准12.1倍。C公司的行为违反了《重庆市环境保护条例》第五十条第一款第十项的规定，属于违反环境保护法律法规的行为，故X市环保局对C公司的行政处罚调查程序符合《重庆市环境保护行政处罚程序规定》的规定，认定C公司的违法行为事实清楚。X市环保局在处罚之前，向C公司送达了行政处罚事先告知书，履行了告知义务，因对C公司的处罚不属于《重庆市环境保护行政处罚程序规定》第二十八条规定的须进行听证的情形，X市环保局没有进行听证未违反规定,其处罚程序合法。《重庆市环境保护奖励与处罚办法》第十六条规定:"以不正当的方式排放污染物的,责令限期改正,处5000元以上20000元以下罚款;情节严重,造成环境污染或危害的,处20000元以上100000元以下的罚款。"X市环保局根据该条规定并结合本案事实对C公司作出罚款20000元的行政处罚是符合规定的,其在行政处罚决定书上明确引用了该条规定,X市环保局行政处罚适用法律法规正确。综上所述,X市环保局作出的永环罚字[2007]24号行政处罚决定事实清楚,证据充分,程序合法,适用法律法规正确,应当依法予以维持,C公司的诉讼请求法院依法不予支持。

【案件评析】

本案涉及环境行政处罚的相关法律问题,在此重点关注环境行政处罚程序和权限问题。

1. 环境行政处罚权限问题。

环境行政处罚案件的管辖是指环境保护监督管理部门查处行政处罚案件的权限和分工。以环境保护行政主管部门为例,即是指该部门内部对属于其管辖的某一具体行政处罚案件由哪一级环境保护主管部门行使行政处罚权。行政处罚权与行政案件管辖权的关系非常密切。行政处罚权是环境保护监督管理部门行使行政执法权的重要组成部分。《中华人民共和国环境保护法》第十条关于环境监督管理体制的规定,实际上就已经规定了哪一种或哪几种环境污染或破坏案件,由哪一类环境保护监督管理部门行使行政处罚权。在此基础上还需要解决每一类环境保护监督管理部门内部上、下级以至同级之间,如何划分行政处罚的权限和范围,这就是行政处罚案件的管辖,而且是一种特殊的管辖。可见,行政管辖权是行政处罚权的基础,行政管辖权是行政处罚权得以实现的条件。

2. 环境行政处罚程序问题。

环境行政处罚的程序是指享有环境行政处罚权的环境保护监督管理部门,依法对破坏或污染环境而应承担环境行政责任的单位或个人,提起、认定并给予环境行政处罚必须遵循的法定方法和步骤的总称。根据《中华人民共和国行政处罚法》、《环境保护行政处罚办法》和其他环境保护监督管理部门发布的行政处罚规章的规定，行政处罚程序可分为简易程序和一般程序。本案中，X市环保局对该市C公司的处罚采取了一般程序。针对该市C公司的环境违法行为，该局在经过立案登记、调查取证、告知申辩等行政处罚程序后，依法向其下达了行政处罚决定书。

案例52：Z市环保局对Q玻纤厂环境行政处罚案

【案情简介】

2009年3月24日，Z市环保局环境监察队环境执法人员对Z市Q玻纤厂进行现场环境监察时发现，该厂生产产生的废玻璃丝直接露天倾倒堆放，未采取任何防扬散、防流失、防渗漏和其他防止污染环境的措施。堆放场所存在较大的安全和环境隐患。环保部门执法人员经现场调查，认定该厂有以下环境违法事实：未取得环保审批手续，未配套建设固体废物污染环境防治设施，擅自进行生产，且生产过程中产生的废玻璃丝等固体废物，未按照国务院环境保护行政主管部门的规定建设贮存设施、场所来安全分类存放，未采取无害化处置措施。在现场调查中，环保部门执法人员收集了行政执法证据，包括：①现场调查询问笔录；②玻纤厂现场检查记录；③玻纤厂现场拍摄记录、相片；④行政处罚听证告知书、行政处罚事先告知书及送达回执。

由于该厂厂主是残疾人，且属于初次违法，并向环保部门执法人员交了书面《陈述和申辩书》，愿主动配合环保部门执法，对违法事实认定态度端正，向环保部门作出限期整改的承诺，并保证今后不再发生类似环境违法行为，愿在规定期限内采取可行工程措施处置固体废物，消除污染隐患。据此，Z市环保局依据《中华人民共和国固体废物污染环境防治法》第六十八条第二款和第六十九条之规定，决定对该厂从轻作出如下行政处罚：①罚款一万元整。②责令停止生产，采取可行的工程措施处置固体废物，消除污染隐患。

【案件评析】

本案中涉及的主要法律问题有两个：第一，环境行政处罚是否符合法律规定；第二，环保部门行使的行政裁量权是否符合法律规定。

1. 环境行政处罚的依据。

从本案的违法事实和环境执法人员收集的行政执法证据看，本案该厂的环境违法事实属于违反了《中华人民共和国固体废物污染环境防治法》第三十三条之规定："企业事业单位应当根据经济、技术条件对其产生的工业固体废物加以利用；对暂时不利用或者不能利用的，必须按照国务院环境保护行政主管部门的规定建设贮存设施、场所，安全分类存放，或者采取无害化处置措施。建设工业固体废物贮存、处置的设施、场所，必须符合国家环境保护标准。"此外，本案的违法事实表明该厂还违反了《中华人民共和国固体废物污染环境防治法》第十四条之规定："建设项目的环境影响评价文件确定需要配套建设的固体废物污染环境防治设施，必须与主体工程同时设计、同时施工、同时投入使用。固体废物污染环境防治设施必须经原审批环境影响评价文件的环境保护行政主管部门验收合格后，该建设项目方可投入生产或者使用。对固体废物污染环境防治设施的验收应当与对主体工程的验收同时进行。"

依据《中华人民共和国固体废物污染环境防治法》第六十八条第二款规定："对暂时不利用或者不能利用的工业固体废物未建设贮存的设施、场所安全分类存放，或者未采取无害化处置措施的……处一万元以上十万元以下的罚款。"《中华人民共和国固体废物污染环境防治法》第六十九条规定："违反本法规定，建设项目需要配套建设的固体废物污染环境防治设施未建成、未经验收或者验收不合格，主体工程即投入生产或者使用的，由审批该建设项目环境影响评价文件的环境保护行政主管部门责令停止生产或者使用，可以并处十万元以下的罚款。"本案环保部门根据该厂环境违法行为事实和性质，依据上述法律条款对该厂进行行政处罚决定完全符合法律规定。

2. 环境行政处罚的自由裁量权。

《中华人民共和国行政处罚法》第二十七条规定："当事人有下列情形之一的，应当依法从轻或者减轻行政处罚：（一）主动消除或者减轻违法行为危害后果的；（二）受他人胁迫有违法行为的；（三）配合行政机关查处违法行为有立功表现的;(四)其他依法从轻或者减轻行政处罚的。违法行为轻微并及时纠正,没有造成危害后果的,不予行政处罚。"在本案中,该厂负责人愿主动配合环保部门执法,对违法事实认定态度端正,并积极消除违法行为带来的后果,属于依法应从轻或减轻处罚的情节。因此,本案环保部门行使行政裁量权,采取上限从轻处罚是符合法律规定的。

第三节 环境执法人员的行政法律责任

一 环境执法人员行政法律责任的概念

环境执法人员包括与环境保护执法相关的行政机关工作人员,法律、法规授权的具有环境管理职能的组织的工作人员和国家行政机关依法委托的组织的工作人员。环境执法人员的行政法律责任是指其违反环境行政法律规范实施行政行为或不作为应承担的法律上的不利后果。环境执法人员以行政主体的名义实施行政行为,其后果和责任应当由行政主体承担。执法人员一般不具有独立的主体资格,不承担外部法律责任。但这并不意味着执法人员不承担任何责任,可以恣意妄为。执法人员应就其行为承担内部法律责任,由有关行政机关或其他法定主体依法追究其责任。内部行政法律责任是行政机关基于行政隶属关系产生的法律责任,侵犯和损害的是内部的行政管理制度或者内生性的行政管理秩序。而外部行政法律责任基于行政管理产生,侵犯和损害的是外部的行政管理制度或外生性的行政管理秩序。

就承担责任的具体主体来看,各法律法规有不同的规定。根据《环境保护违法违纪行为处分暂行规定》,承担行政处分的对象,即直接责任人员包括:有环境违法行为的国家行政机关的直接负责的主管人员和其他直接责任人员,以及有环境违法行为的国家行政机关工作人员。一些地方规章、规范性文件中对直接责任人员有不同的细化。

★相关法条

《环境保护违法违纪行为处分暂行规定》	◆ 第二条 　　国家行政机关及其工作人员、企业中由国家行政机关任命的人员有环境保护违法违纪行为，应当给予处分的，适用本规定。 　　法律、行政法规对环境保护违法违纪行为的处分作出规定的，依照其规定。 ◆ 第三条 　　有环境保护违法违纪行为的国家行政机关，对其直接负责的主管人员和其他直接责任人员，以及对有环境保护违法违纪行为的国家行政机关工作人员（以下统称直接责任人员），由任免机关或者监察机关按照管理权限，依法给予行政处分。 　　企业有环境保护违法违纪行为的，对其直接负责的主管人员和其他直接责任人员中由国家行政机关任命的人员，由任免机关或者监察机关按照管理权限，依法给予纪律处分。
《广东省环境保护局行政过错责任追究办法》	◆ 第十三条 　　行政过错责任分为直接责任、主要领导责任和重要领导责任。 ◆ 第十五条第三款 　　经办人员、审核人、批准人均有错，导致行政过错的，三者均为行政过错责任人，承办人员承担直接责任，审核人承担主要领导责任，批准人承担重要领导责任。
《海口市环境污染行政责任追究办法》	◆ 第四条 　　各级人民政府和政府有关部门有下列行为之一的，对负有领导责任的人员和直接负责的主管人员给予警告、记过或者记大过处分；情节严重，造成恶劣影响的，尚未构成犯罪的，给予降级或者撤职处分： 　　……

二 环境执法人员行政法律责任的归责原则

上文提到，行政主体承担行政法律责任的方式多为补救性的，主要功能在于恢复受破坏的法律秩序，不需考虑行为人主观过错。而环境执法人员的行政行为，其法律后果由行政主体来承担。环境执法人员仅需就其行为向行政主体承担内部行政法律责任。责任形式多是惩罚性的，主要功能是谴责和惩罚，不以行为客观破坏了法律秩序为条件，而需要以主观上具有应受非难性为前提。[①] 环境执法人员的行政法律责任应为过错责任。

---

① 张梓太：《环境法律责任研究》，商务印书馆 2004 年版，第 151 页。

三 环境执法人员行政法律责任的承担方式

对于公务人员而言,主要承担环境行政责任的方式如下:

1. 行政处分。环境行政处分又称环境纪律处分,是指国家行政机关、企事业单位依照行政隶属关系,依据有关法规或内部规章对在保护和改善生活环境和生态环境,防治污染和其他公害中违法失职和违纪行为的所属人员给予的一种行政制裁行为。

实施环境行政处分的机关,必须是具有隶属关系和行政处分权的国家行政机关或者企事业单位。

环境行政处分的依据主要是《中华人民共和国公务员法》、《中华人民共和国环境保护法》、各种自然资源保护和污染防治法单行法,以及《行政机关公务员处分条例》和《环境保护违法违纪行为处罚暂行规定》。

根据《中华人民共和国公务员法》、《行政机关公务员处分条例》和相关环境法律法规的规定,对国家工作人员的行政处分分为如下六种:警告、记过、记大过、降级、撤职、开除。此外,在实践中还有"留用察看"(也称为开除留用察看)的处分形式。留用察看是指行政机关对受处分人决定予以开除,但仍留在原单位担任一定的工作,经过一定时间再根据其表现(悔改程度)决定对其是否实施开除处分。

值得注意的是,除了行政执法人员外,企事业单位实施了破坏或者污染环境的行为,情节较重但又不够刑事处罚的有关责任人员也可能受到行政处分。《中华人民共和国环境保护法》、《环境保护违法违纪行为处分暂行规定》、《大气污染防治法》等法律中就有相关规定。

行政处分与行政处罚都有行政制裁的性质,但二者有着以下区别:第一,行政处分由受处分人所在单位或者政府主管机关作出;行政处罚由有管辖权的环境保护监督管理部门作出。第二,行政处分是一种身份责任,对执行环境保护公职的人员科处;公职人员在执行职务以外实施的破坏或污染行为,应受行政处罚。第三,制裁的内容和程序不同。①

---

① 张梓太:《环境法律责任研究》,商务印书馆 2004 年版,第 164—165 页。

2. 通报批评、扣发奖金、暂扣或吊销行政执法证、调离执法岗位等。除行政处分外，一些地方规章和规范性文件中还规定了这些责任形式。

3. 承担行政赔偿追偿责任。上文提到行政主体行使职权，侵犯公民、法人和其他组织合法权益的，无论是否有过错，都应向受害者给予国家赔偿。而行政主体的行政行为是通过其工作人员（执法人员）作出的，在行政主体承担赔偿责任后，如果执法人员存在故意或重大过失，则可向其追偿。

★ 相关法条

《中华人民共和国公务员法》	◆ 第五十六条 处分分为：警告、记过、记大过、降级、撤职、开除。 ◆ 第一百〇四条 公务员主管部门的工作人员，违反本法规定，滥用职权、玩忽职守、徇私舞弊，构成犯罪的，依法追究刑事责任；尚不构成犯罪的，给予处分。
《中华人民共和国国家赔偿法》	◆ 第十四条 赔偿义务机关赔偿损失后，应当责令有故意或者重大过失的工作人员或者受委托的组织或者个人承担部分或者全部赔偿费用。 对有故意或者重大过失的责任人员，有关机关应当依法给予处分；构成犯罪的，应当依法追究刑事责任。
《中华人民共和国环境保护法》	◆ 第六十八条 地方各级人民政府、县级以上人民政府环境保护主管部门和其他负有环境保护监督管理职责的部门有下列行为之一的，对直接负责的主管人员和其他直接责任人员给予记过、记大过或者降级处分；造成严重后果的，给予撤职或者开除处分，其主要负责人应当引咎辞职： …… ◆ 第六十九条 违反本法规定，构成犯罪的，依法追究刑事责任。
《环境保护违法违纪行为处分暂行规定》	◆ 第二条 国家行政机关及其工作人员、企业中由国家行政机关任命的人员有环境保护违法违纪行为，应当给予处分的，适用本规定。 法律、行政法规对环境保护违法违纪行为的处分作出规定的，依照其规定。 ◆ 第三条 有环境保护违法违纪行为的国家行政机关，对其直接负责的主管人员和其他直接责任人员，以及对有环境保护违法违纪行为的国家行政机关工作人员（以下统称直接责任人员），由任免机关或者监察机关按照管理权限，依法给予行政处分。 企业有环境保护违法违纪行为的，对其直接负责的主管人员和其他直接责任人员中由国家行政机关任命的人员，由任免机关或者监察机关按照管理权限，依法给予纪律处分。

《中华人民共和国大气污染防治法》	◆ 第六十一条 对违反本法规定，造成大气污染事故的企业事业单位，由所在地县级以上地方人民政府环境保护行政主管部门根据所造成的危害后果处直接经济损失百分之五十以下罚款，但最高不超过五十万元；情节较重的，对直接负责的主管人员和其他直接责任人员，由所在单位或者上级主管机关依法给予行政处分或者纪律处分；造成重大大气污染事故，导致公私财产重大损失或者人身伤亡的严重后果，构成犯罪的，依法追究刑事责任。
《广东省环境保护局行政过错责任追究办法》	◆ 第二十条 行政过错责任追究方式分为： （一）批评教育； （二）责令作出书面检查； （三）通报批评； （四）取消当年评选优秀、先进或晋升资格； （五）扣发奖金； （六）吊销行政执法证并调离执法岗位； （七）行政处分。 以上处理或处分可以单处或并处。
《河北省环境保护局执法过错责任追究办法》	◆ 第五条 承担过错责任的种类： （一）批评教育； （二）书面检查； （三）大会检讨； （四）通报批评； （五）扣发奖金； （六）行政处分； （七）调离执法岗位或者辞退。

★典型案例

案例53：B县人民政府被督察督办案

【案情简介】

B县某再生化工厂始建于2008年，是一家利用硫酸铜废液为原料，与废铁在酸浸池内反应生产硫酸亚铁和铜的化工厂，未办理环境影响评价文件，无污染防治设施，经群众举报被依法关闭。2010年年初，该企业所有者受经济利益驱使擅自安装设备恢复生产，外排废水COD浓度20800mg/L、氨氮浓度334mg/L、金属铜浓度117mg/L、pH值为2.34，污染物严重超标排放，并影响A市河流出境断面的环境指标。A市环保局立即致函B县人民政府要求依法关闭该企业，B

县人民政府向该化工厂下达了关闭决定,要求其五日内自行拆除生产设备,清除生产原料,否则强行拆除。然而,在 A 市环保部门后督察中发现该化工厂并未按要求拆除到位。2011 年 5 月,A 市环保部门联合纪检监察部门对 B 县人民政府进行了督察督办。当日,B 县人民政府组织有关力量,对该化工厂予以拆除。

【案件评析】

《中华人民共和国环境保护法》、《中华人民共和国水污染防治法》等环境保护法律法规,明确了各级环境保护行政主管部门对企业实施统一监管,而关闭企业的责任主体则是县级以上人民政府。当具体行政命令没有执行到位时,要及时进行督察督办或者申请法院强制执行,否则一旦发生污染事件,可能会被追究监管责任。本案涉及的关键法律问题为:A 市环保部门联合纪检监察部门对 B 县人民政府进行督察督办和责任追究,是否符合规定?

《环境保护违法违纪行为处分暂行规定》第四条规定,国家行政机关及其工作人员有下列行为之一的,对直接责任人员,给予警告、记过或者记大过处分;情节较重的,给予降级处分;情节严重的,给予撤职处分:(一)拒不执行环境保护法律、法规以及人民政府关于环境保护的决定、命令的;(二)制定或者采取与环境保护法律、法规、规章以及国家环境保护政策相抵触的规定或者措施,经指出仍不改正的;(三)违反国家有关产业政策,造成环境污染或者生态破坏的;(四)不按照国家规定淘汰严重污染环境的落后生产技术、工艺、设备或者产品的;(五)对严重污染环境的企业事业单位不依法责令限期治理或者不按规定责令取缔、关闭、停产的;(六)不按照国家规定制定环境污染与生态破坏突发事件应急预案的。环保部《环境行政执法后督察办法》第六条规定,县级以上人民政府环境保护主管部门应当对下列事项进行环境行政执法后督察:(一)罚款,责令停产整顿,责令停产、停业、关闭,没收违法所得、没收非法财物等环境行政处罚决定的执行情况;(二)责令改正或者限期改正违法行为、责令限期缴纳排污费等环境行政命令的执行情况;(三)其他具体行政行为的执行情况。第十条规定,县级以上人民政府环境保护主管部门可以将环境行政执法后督察情况以及相关处罚或者处理情况向商务部门、工商部门、监察机关、人民银行等有监管职责的部门或者机构通报。由此可见，A市环保部门联合纪检监察部门对B县人民政府落实行政命令，进行督察督办和责任追究是符合法律规定的。

案例54：龙湾区瑶溪环保所邵某等人延误企业环保设施竣工验收案

【案情简介】

2013年下半年，温州某皮革公司到瑶溪环保所申请办理建设项目环保设施竣工验收，该所分管副所长邵某、专管员潘某没有履行一次性告知，分别于7月、10月、12月以不同理由退回企业申请，导致该企业环保设施验收被延误。2014年1月，龙湾区纪委（监察局）给予邵某书面效能告诫3个月处理，对瑶溪环保所和潘某进行通报批评。

【案件评析】

行政机关工作人员应当合法、及时地履行职责。在《浙江省影响机关工作效能行为责任追究办法》、《温州市违反即办制规定行为责任追究办法（试行）》都明确要求行政机关及其工作人员履行职责，提高工作效能。违反有关法律、法规、规章、政策和工作制度，不履行或者不正确履行职责，影响机关工作秩序和效能，导致损害管理或服务对象合法权益的行政机关及其工作人员应承担责任。主要的责任形式包括口头效能告诫、通报批评、书面效能告诫、停职检查、调离工作岗位、免职和辞退等。

本案中，瑶溪环保所副所长邵某和专管员潘某，在受理温州某皮革公司申办建设项目环保设施竣工验收时未履行一次性告知义务，而是多次以不同理由驳回申请，导致验收延误，损害了其合法利益。《浙江省影响机关工作效能行为责任追究办法》、《温州市违反即办制规定行为责任追究办法（试行）》规定，行政机关及其工作人员都可以是责任承担主体，故而龙湾区纪委对瑶溪环保所和邵某、潘某都作出处理，追究责任。

第四节 环境执法人员的刑事法律责任

一 环境执法人员刑事法律责任的概念

环境刑事法律责任是指行为人故意或过失地实施了严重危害环境的行为，并造成了严重的损害后果，已经构成犯罪要承担刑事制裁的法律责任。承担环境刑事法律责任是进行环境犯罪行为的法律后果。我国环境犯罪包括两个大类：非执法人员（环境管理相对人）环境犯罪和环境执法人员环境犯罪。我国刑法规定的环境犯罪多为非环境执法人员环境犯罪。环境执法人员环境犯罪主要与环境监管失职有关。

环境执法人员的刑事责任是指环境执法人员实施环境犯罪应当承担的法律后果。环境执法人员可因其违法违纪行为承担行政责任，而当其行为严重危害环境，并造成严重后果时，就需要承担刑事责任。

二 环境执法人员环境犯罪的构成要件

（一）犯罪主体

犯罪的主体是负有环境监管职责的国家机关工作人员。他们依据法律规定取得监督管理者的身份，且在实质上从事监督管理的工作。这主要包括两类主体：环境保护行政主管部门和其他国家行政机关的工作人员，以及经法律授权或行政机关委托行使环境监督管理职责的其他组织中具有环境管理职权的工作人员。

（二）犯罪客体

犯罪所侵犯的客体是国家环境资源管理制度。犯罪行为导致环境资源破坏、重大污染事故或者公私财产遭受重大损失或严重人身伤亡的后果。而环境执法人员严重失职导致了这些严重后果，侵害的是国家环境资源管理制度。

（三）犯罪客观方面

犯罪的客观方面是指环境犯罪行为的客观外在表现，是行为人在有意识的心理态度支配下表现在外的事实特征,主要涉及以下几个问题:一是环境犯罪的行为方式,即环境执法人员在环境执法中的严重不负责任行为。二是环境犯罪的危害结果。在普通犯罪构成要件中,危害结果可以是现实侵害,还可以是危险结果。而在环境执法人员环境犯罪中,则往往需要现实侵害的发生,包括对环境资源的严重破坏,重大环境污染事故的发生或公私财产的严重侵害等。三是环境犯罪因果关系的认定。

(四) 犯罪主观方面

犯罪的主观方面包括故意犯罪和过失犯罪。环境执法人员的犯罪也可以表现为故意或过失。如滥用职权导致重大环境损害,行为人的主观表现为故意。而环境监管失职罪主观则是过失,即针对发生重大环境污染事故,致使公私财产遭受重大损失或者造成人身伤亡的严重后果而言,是应当预见却由于疏忽大意而没有预见或者虽然预见但却轻信能够避免,以致发生了这种严重后果。

三 环境执法人员刑事法律责任的实现方式

刑事责任实现方式是根据犯罪的性质、情节、危害结果和严重程度,对犯罪的行为人处以相应的刑罚种类或者某种刑罚的一定幅度。刑罚分为主刑和附加刑。主刑包括管制、拘役、有期徒刑、无期徒刑和死刑;附加刑包括罚金、剥夺政治权利、没收财产,对外国人还可以适用驱逐出境。

环境管理相对人的犯罪可以是个人犯罪,也可以是单位犯罪。而单位实施犯罪的情况下,采取双罚制,即对单位判处罚金,并对直接负责的主管人员或其他直接责任人员进行处罚。而环境执法人员的犯罪是个人犯罪,环境管理机关并不因个人的犯罪行为承担刑事责任。在我国法律中,环境执法人员承担刑事法律责任的主要方式有拘役和有期徒刑。

四 环境执法人员环境犯罪的种类

我国有关环境犯罪的规范主要集中在《中华人民共和国刑法》

和附属刑法中。《中华人民共和国刑法》规定了具体的犯罪种类和刑罚。而附属刑法则是在其他环境法律中援引《中华人民共和国刑法》的规定。它们共同构成了我国环境刑法，而《中华人民共和国刑法》则是其基石。《中华人民共和国刑法》第六章第六节专门规定了破坏环境资源保护罪，其主要针对的是环境管理相对人的犯罪。除此专门规定外，其他章节的部分条款也与环境犯罪密切相关，比如第六章第五节危害公共卫生罪、第三章第二节走私罪、第九章渎职罪等。其中与环境执法人员犯罪有关的规定主要集中在第九章中。其中两个条文直接针对环境执法人员犯罪：第四百〇七条违法发放林木采伐许可证罪、第四百〇八条环境监管失职罪。此外一些其他条款，虽非直接针对环境犯罪，但也可能与环境犯罪相关，如第三百九十七条滥用职权玩忽职守罪。如果环境执法人员在环境执法中滥用职权或玩忽职守导致公共财产、国家和人民利益遭受重大损失，则应适用此条款。

（一）违法发放林木采伐许可证罪

★ **相关法条**

《中华人民共和国刑法》	◆ 第四百〇七条 林业主管部门的工作人员违反森林法的规定，超过批准的年采伐限额发放林木采伐许可证或者违反规定滥发林木采伐许可证，情节严重，致使森林遭受严重破坏的，处三年以下有期徒刑或者拘役。

★ **典型案例**

案例55：宇某违法发放林木采伐许可证一案

【案情简介】

宇某为某镇林业站站长。该镇于2003年起办理林木许可证，应先由各村委会将木材分配花名册交到林业站。再由林业站根据政府下达到各村委会的指标和村委会上报的花名册办理砍伐手续。而宇某于2004年对某镇四名居民在申请不符合法律规定的情况下（未经村委会审核批准），违法发放林木采伐许可证。其中，绍某在没有写过采伐申请的情况下，找宇某办了3立方米的林木采伐许可证，用于盖耳房。茶某在没有村委会证明的情况下，直接找宇某办了2立方米的林木采伐许可证。此外，杨某、何某也经宇某违法办理了5立方米、10立方米的采伐许可证。据采伐林木方量及木材规格统计表，绍某、茶某、杨某、何某分别采伐林木3立方米、0.848立方米、4.482立方米、8.058立方米。经工程师损失鉴定，四人共采伐林木合计16.388立方米，折合立木蓄积为27.313立方米。

法院认为宇某在担任某镇林业站站长期间，违反规定滥发林木许可证，致使林木16.388立方米被采伐，折合立木蓄积为27.313立方米，情节严重，致使森林遭受严重破坏，故其行为构成违法发放林木采伐许可证罪。判处有期徒刑六个月，缓刑一年。

【案件评析】

1. 违法发放林木采伐许可证罪的构成要件。

（1）本罪侵害的客体是国家的林业管理制度，具体是国家主管部门对林业采伐许可证审核发放的正常管理活动。

（2）本罪客观方面表现为违反森林法的规定超过批准的年采伐限额发放林木许可证或者违反规定滥发林木采伐许可证，情节严重的行为。行为人的行为违反了《中华人民共和国森林法》及其实施细则等法律规定的有关森林年采伐限额、采伐范围与方式、许可证的申请与合法职权等方面的规定。行为表现为超过批准的采伐限额发放林木采伐许可证，或者违反规定滥发许可证（超越自己的职权或者明知他人采伐许可证申请的内容不符合法律规定仍然予以批准）。行为人的严重违法行为还应导致森林遭受严重破坏的结果。

（3）本罪的主体是林业主管部门的工作人员。

（4）本罪的主观方面表现为过失。行为人虽然知道其超发、滥发林木采伐许可证，但对于其引发的危害结果，由于疏忽大意没有预见或者虽然已经预见但轻信可以避免，以致发生了严重损失的危害后果。行为人主观的过失是针对损失结果而言，不排除行为人对于超发、滥发行为的故意。

2. 本案中，宇某作为林业站站长，在四名申请者不符合申请条件的情况下，违法发放了林木许可证。致使林木16.388立方米被采伐，折合立木蓄积为 27.313 立方米。根据《最高人民法院关于审理破坏森林资源刑事案件具体应用法律若干问题的解释》第十二条规定："林业主管部门的工作人员违反森林法的规定，超过批准的年采伐限额发放林木采伐许可证或者违反规定滥发林木采伐许可证，具有下列情形之一的，属于刑法第四〇七条规定的'情节严重，致使森林遭受严重破坏'，以违法发放林木采伐许可证罪定罪处罚：（一）发放林木采伐许可证允许采伐数量累计超过批准的年采伐限额，导致林木被采伐数量在十立方米以上的；（二）滥发林木采伐许可证，导致林木被滥伐二十立方米以上的；（三）滥发林木采伐许可证，导致珍贵树木被滥伐的；（四）批准采伐国家禁止采伐的林木，情节恶劣的；（五）其他情节严重的情形"，以及第十七条规定的本解释规定的林木数量以立木蓄积计算，计算方法为原木材积除以该树种的出材率，本案中，宇某违法行为导致 27.313 蓄木立方的林木被砍伐，达到了刑法规定的"情节严重，致使森林遭受严重破坏"的条件。故宇某的行为构成违法发放林木许可证罪。

（二）环境监管失职罪

★ **相关法条**

《中华人民共和国刑法》	◆ 第四百〇八条 负有环境保护监督管理职责的国家机关工作人员严重不负责任，导致发生重大环境污染事故，致使公私财产遭受重大损失或者造成人身伤亡的严重后果的，处三年以下有期徒刑或者拘役。 徇私舞弊犯前款罪的，从重处罚。

★ **典型案例**

案例 56：宋世英等环境监管失职案[①]

【案情简介】

2004 年 2 月 23 日，时任成都市青白江区环保局副局长的被告人

---

① 刘海、成锦法：《沱江污染：四川首审政府官员环境监管失职罪案》，人民网（http://env.people.com.cn/GB/huanbao/1073/3103373.html）。

宋世英接到青白江区污水处理厂副厂长周安林的电话。周安林在电话里告诉被告人宋世英污水中的氨味很浓。同月27日，被告人宋世英在青白江区人民政府开会，遇到该区副区长郑兴华，郑兴华提出到大同镇检查水渠情况，并同时叫上被告人张山、被告人张明。四人检查完水渠情况后来到青白江区污水处理厂。该厂厂长李航、副厂长周安林对四人称污水中氨氮含量波动很大，并将2月24日至26日的监测数据拿给四人看。该数据显示污水中氨氮含量最高值为2000mg/L，李航还说下游有死鱼的现象。被告人宋世英即安排时任青白江区环保局监测站站长的被告人张明进行数据监测、安排时任青白江区环境监理所所长的被告人张山到川化公司检查，并同被告人张明、被告人张山来到金堂县查看，但未发现有死鱼的情况，被告人宋世英将此情况向青白江区环保局局长赖建能作了汇报。被告人张明在2月27日接到被告人宋世英安排的数据监测任务后，电话通知监测站副站长顾天奕安排人员对川化公司进行24小时数据监测，即对2月27日至28日的数据进行监测。2月28日，监测人员将监测数据较高，最高值为7000mg/L（国家允许的达标排放值为60mg/L）的情况电话告知被告人张明。被告人张明及监测站的工作人员又分别将上述情况口头告诉被告人张山，3月1日，监测站副站长顾天奕将监测结果报告书交给被告人张明审核签名。该报告书显示监测数据为7000mg/L，被告人张明在监测报告上签名后，将监测报告交还给顾天奕。

2004年2月27日，被告人张山接受被告人宋世英安排的检查任务后，2月28日、2月29日均未到川化公司了解情况。同年3月1日，被告人张山同监理所工作人员唐漫沙到川化公司了解情况，调查到因为川化公司"二化"项目在进行试生产，两台水泵坏了，导致污水中氨氮含量超标，被告人张山将情况向区环保局赖建能局长及被告人宋世英作了汇报，赖建能遂组织被告人宋世英、被告人张山、办公室主任王长林开会。经研究决定，要求川化公司10日内整改、加大监理力度、向政府报告。3月2日，被告人宋世英看了监测数据后确认氨氮含量较高，估计是川化公司排污造成的问题。后青白江区环保局将川化公司分管环保的副总经理吴贵鑫、环安处处长何理光、王静通知到该局，向其送达编号为［2004］改字第001号的《四川省环境保护行政执法限期整改通知书》。该通知书要求川化公司在2004年3月12日完成整改任务，确保环保设施正常运行，实现废水达标排放。同日，四川省环保局的工作人员来到川化公司召开沱江事故分析会，青白江区环保局将监测数据提交给省环保局。下午5时许，青白江区环保局又向川化公司送达编号为［2004］改字第002号的《四川省环境保护行政执法限期整改通知书》，该通知书限川化公司在2004年3月3日前实现环保设施正常运行，污染物排放达到工艺设计要求。3月3日，川化公司停产。此次沱江污染事故给成都、资阳、内江、自贡、泸州五市的工农业生产和人民生活造成严重影响和重大经济损失，经农业部长江中上游渔业生态环境监测中心评估，天然渔业资源经济损失达1500余万元，2004年4月28日、6月30日，被告人宋世英、被告人张明、被告人张山先后被拘留。

成都市锦江区人民法院对本案公开开庭进行了审理，于2005年9月9日作出判决：被告人宋世英犯环境监管失职罪，判处有期徒刑二年六个月；被告人张明犯环境监管失职罪，判处有期徒刑二年六个月；被告人张山犯环境监管失职罪，判处有期徒刑一年六个月，缓刑二年。

【案件评析】

1. 环境监管失职罪的构成要件。

（1）本罪侵犯的客体是国家保护环境防治污染的管理制度。

（2）本罪在客观方面表现为严重不负责任，导致发生重大环境污染事故，致使公私财产遭受重大损失或者造成人身伤亡的严重后果的行为。第一，必须有严重不负责任的行为。第二，严重不负责任的行为必须导致重大环境污染事故的发生，致使公私财产遭受重大损失或者造成人身伤亡的严重后果，才能构成本罪。第三，严重不负责任行为与造成的重大损失结果之间，必须具有刑法上的因果关系，这是确定刑事责任的客观基础。

（3）本罪主体为特殊主体，即是负有环境保护监督管理职责的国家机关工作人员，具体是指在国务院环境保护行政主管部门、县级以上地方人民政府环境保护行政主管部门从事环境保护工作的人员，以及在国家海洋行政主管部门、港务监督、渔政渔港监督、军队环境保护部门和各级公安、交通、铁路、民航管理部门中，依照有关法律的规定对环境污染防治实施监督管理的人员。此外，县级以上人民政府的土地、矿产、林业、农业、水利行政主管部门中依照有关法律的规定对资源的保护实施监督管理的人员，也可以构成本罪的主体。

（4）本罪在主观方面必须出于过失，即针对发生重大环境污染事故，致使公私财产遭受重大损失或者造成人身伤亡的严重后果而言，是应当预见却由于疏忽大意而没有预见或者虽然预见但却轻信能够避免，以致发生了这种严重后果。

2. 本案中，被告人宋世英身为青白江区环保局分管环境监测、环境监理、污染管理的副局长，在2004年2月23日得知污水中氨味浓的情况后，未采取相应措施；在2月27日看了青白江区污水处理厂的监测数据后虽然安排了工作人员进行监测和检查，但未及时督促上报监测数据和检查结果，致使区环保局未能及时掌握川化公司严重超标排污的情况。被告人宋世英在工作中违反了工作职责，严重不负责任。

被告人张明身为青白江区环境监测站站长，按照规定负有对该辖区环境要素进行经常性监测，对区内排放污染物的单位进行定期或不定期的监测，完成环保局下达的临时性工作任务的工作职责，却未发现川化公司超标排污的事实，2月27日其接受监测任务后虽然安排了监测站人员进行监测，但其在2月28日、2月29日得知污水中氨氮含量较高的情况后未将此重大情况汇报给安排其监测的青白江区环保局，在3月1日得到正式的书面监测报告后，仍未立即将报告递交青白江区环保局，其在履职中存有严重不负责任的行为。

被告人张山身为青白江区环境监理所所长，负责监理所的全面工作，负有依法对污染源实施监督管理，负责环境保护行政处罚，完成领导临时交办的工作任务的主要工作职责，被告人张山在2004年2月27日接受调查任务后，在2月28日、2月29日得知监测数据较高的情况下，迟至3月1日才到川化公司了解、调查情况，其行为违反了工作职责,在工作中存在严重不负责任的情况。上述三被告人身为负有环境保护监督管理职责的国家机关工作人员,违反相关的职责规定,在工作中严重不负责任,导致未能及时有效地预防、阻止重大环境污染事故的发生,致使公私财产遭受重大损失,其行为已构成环境监管失职罪。

(三) 滥用职权玩忽职守罪

★相关法条

《中华人民共和国刑法》	◆ 第三百九十七条 国家机关工作人员滥用职权或者玩忽职守,致使公共财产、国家和人民利益遭受重大损失的,处三年以下有期徒刑或者拘役;情节特别严重的,处三年以上七年以下有期徒刑。本法另有规定的,依照规定。

★典型案例

案例57:杨某滥用职权案[①]

【案情简介】

2003年7月,国务院为了加强对排污费的征收、使用和管理,颁布实施了《排污费征收使用管理条例》。2003年6月3日,财政部、国家发展和改革委员会、国家环境保护总局联合下发的财综〔2003〕43号文件《关于减免及缓交排污费有关问题的通知》,明确规定了减、免排污费的权限和审批程序,2005年国家环保总局为了进一步加强排污费的征收管理,要求各级环保部门要严格按照法定的征收范围、权限、时限和程序征收排污费,不能简化程序,降低征收标准,不得擅自减免和缓缴排污费,坚决杜绝协商收费、人情收费。两湖地区某县环保局局长杨某在明知依照法律法规,县级环保局没有批准减缴、免缴、缓缴排污费的情况下,仍以协商收费的方式,擅自减征各主要排污企业应缴的排污费。2004年至2006年三年中,根据监测报告,不完全计算A化工集团、B化肥厂、C发电厂等13家排污企业应当缴纳排污费的金额为57044899元。而实际上,经被告杨某等人与主要排

---

① 王立主编:《环保法庭案例选编》,法律出版社2012年版,第62—70页。

污企业协商后，这 13 家企业仅缴纳排污费 11297000 元，少征收 45747899 元。

此外，杨某在任职期间，还要求 A 化工集团、C 发电厂各提供一辆轿车供环保局使用，车的养路费、保养费、年检费等由这两个企业承担。D 化工厂、E 纺织印染公司、F 砂轮厂等企业给环保局赞助购买办公用品。杨某任职期间，收受部分企业礼金 15000 元。

被告杨某及其辩护人辩称，两湖行政区不全属于该县管辖范围，污染原因多样，不能全部或主要归责于杨某；某县环保局是在超额完成市环保局下达的任务的前提下进行的协商收费，不构成滥用职权；杨某未越权批准减、免排污费，涉案企业缴纳排污费的义务依然存在。此外，杨某还对单位借用车辆、收受礼金、企业赞助办公用品等行为进行了辩护。

某县人民法院认为，被告杨某在协商收费过程中是否有徇私情节并不影响滥用职权罪的构成。杨某违反规定与企业协商收费，导致国家应当征收的 45747899 元排污费未能征收，情节特别严重，依法应当惩处。依照《中华人民共和国刑法》第三百九十七条第一款规定，判定被告杨某犯滥用职权罪，判处有期徒刑三年。

【案件评析】

1. 滥用职权罪构成要件。

（1）本罪侵犯的客体是国家机关的正常管理秩序。国家机关工作人员滥用职权，致使某项具体工作遭到破坏，而给国家、集体和人民利益造成严重损害。

（2）本罪的客观方面表现为滥用职权，致使公共财产、国家和人民利益遭受重大损失的行为。滥用职权，是指形式上属于国家机关工作人一般职务权限的事项，以不当目的或者以不法方法，实施违反职务行为宗旨的活动。包括以下特点：第一，滥用的是国家机关工作人员的一般职务权限，若行为与一般职务权限无关，则不属于滥用职权；第二，以不当目的或者不当手段实施职务行为。出于不当目的的职务行为，即使从方法上没有超越职权，也属于滥用职权。滥用职权的行为还应导致重大损失的发生。行为与结果之间，必须有刑法上的因果关系。

（3）本罪的主体是国家机关工作人员。

（4）本罪的主观方面是故意，行为人明知自己滥用职权的行为会发生致使公共财产、国家和人民利益遭受重大损失的结果，而希望或者放任这种结果发生。

2. 本案中，杨某为某县的环保局局长，有依法征收排污费的责任。某县环保局虽然超额完成了市环保局下达的排污费征收任务，但该目标任务只是指导性而非指令性任务。协商收费是行政法规所禁止的行为，杨某作为县环保局局长，对这一要求显然应当明知。而其在明知无权决定减、免企业应缴纳的排污费，也明知协商收费是明令禁止的行为的情况下，超越职权，擅自与 A 化工集团、B 化肥厂、C 发电厂等 13 家企业协商收取排污费，构成了故意行为。其滥用职权的行为致使这些企业在 2004 年至 2006 年期间，少缴排污费 45747899 元，给国家造成了巨大的经济损失，直接减少了国家用于污染治理的经费，构成滥用职权罪。

附 录

中华人民共和国环境保护法（新）

（1989年12月26日第七届全国人民代表大会常务委员会第十一次会议通过　2014年4月24日第十二届全国人民代表大会常务委员会第八次会议修订）

目　录

第一章　总则
第二章　监督管理
第三章　保护和改善环境
第四章　防治污染和其他公害
第五章　信息公开和公众参与
第六章　法律责任
第七章　附则

第一章　总则

第一条　为保护和改善环境，防治污染和其他公害，保障公众健康，推进生态文明建设，促进经济社会可持续发展，制定本法。

第二条　本法所称环境，是指影响人类生存和发展的各种天然的和经过人工改造的自然因素的总体，包括大气、水、海洋、土地、矿藏、森林、草原、湿地、野生生物、自然遗迹、人文遗迹、自然保护区、风景名胜区、城市和乡村等。

第三条　本法适用于中华人民共和国领域和中华人民共和国管辖的其他海域。

第四条　保护环境是国家的基本国策。

国家采取有利于节约和循环利用资源、保护和改善环境、促进人与自然和谐的经济、技术政策和措施，使经济社会发展与环境保护相协调。

第五条 环境保护坚持保护优先、预防为主、综合治理、公众参与、损害担责的原则。

第六条 一切单位和个人都有保护环境的义务。

地方各级人民政府应当对本行政区域的环境质量负责。

企业事业单位和其他生产经营者应当防止、减少环境污染和生态破坏，对所造成的损害依法承担责任。

公民应当增强环境保护意识，采取低碳、节俭的生活方式，自觉履行环境保护义务。

第七条 国家支持环境保护科学技术研究、开发和应用，鼓励环境保护产业发展，促进环境保护信息化建设，提高环境保护科学技术水平。

第八条 各级人民政府应当加大保护和改善环境、防治污染和其他公害的财政投入，提高财政资金的使用效益。

第九条 各级人民政府应当加强环境保护宣传和普及工作，鼓励基层群众性自治组织、社会组织、环境保护志愿者开展环境保护法律法规和环境保护知识的宣传，营造保护环境的良好风气。

教育行政部门、学校应当将环境保护知识纳入学校教育内容，培养学生的环境保护意识。

新闻媒体应当开展环境保护法律法规和环境保护知识的宣传，对环境违法行为进行舆论监督。

第十条 国务院环境保护主管部门，对全国环境保护工作实施统一监督管理；县级以上地方人民政府环境保护主管部门，对本行政区域环境保护工作实施统一监督管理。

县级以上人民政府有关部门和军队环境保护部门，依照有关法律的规定对资源保护和污染防治等环境保护工作实施监督管理。

第十一条 对保护和改善环境有显著成绩的单位和个人，由人民政府给予奖励。

第十二条 每年6月5日为环境日。

第二章 监督管理

第十三条 县级以上人民政府应当将环境保护工作纳入国民经济和社会发展规划。

国务院环境保护主管部门会同有关部门,根据国民经济和社会发展规划编制国家环境保护规划,报国务院批准并公布实施。

县级以上地方人民政府环境保护主管部门会同有关部门,根据国家环境保护规划的要求,编制本行政区域的环境保护规划,报同级人民政府批准并公布实施。

环境保护规划的内容应当包括生态保护和污染防治的目标、任务、保障措施等,并与主体功能区规划、土地利用总体规划和城乡规划等相衔接。

第十四条 国务院有关部门和省、自治区、直辖市人民政府组织制定经济、技术政策,应当充分考虑对环境的影响,听取有关方面和专家的意见。

第十五条 国务院环境保护主管部门制定国家环境质量标准。

省、自治区、直辖市人民政府对国家环境质量标准中未作规定的项目,可以制定地方环境质量标准;对国家环境质量标准中已作规定的项目,可以制定严于国家环境质量标准的地方环境质量标准。地方环境质量标准应当报国务院环境保护主管部门备案。

国家鼓励开展环境基准研究。

第十六条 国务院环境保护主管部门根据国家环境质量标准和国家经济、技术条件,制定国家污染物排放标准。

省、自治区、直辖市人民政府对国家污染物排放标准中未作规定的项目,可以制定地方污染物排放标准;对国家污染物排放标准中已作规定的项目,可以制定严于国家污染物排放标准的地方污染物排放标准。地方污染物排放标准应当报国务院环境保护主管部门备案。

第十七条 国家建立、健全环境监测制度。国务院环境保护主管部门制定监测规范,会同有关部门组织监测网络,统一规划国家环境质量监测站（点）的设置，建立监测数据共享机制，加强对环境监测的管理。

有关行业、专业等各类环境质量监测站（点）的设置应当符合法律法规规定和监测规范的要求。

监测机构应当使用符合国家标准的监测设备，遵守监测规范。监测机构及其负责人对监测数据的真实性和准确性负责。

第十八条 省级以上人民政府应当组织有关部门或者委托专业机构，对环境状况进行调查、评价，建立环境资源承载能力监测预警机制。

第十九条 编制有关开发利用规划，建设对环境有影响的项目，应当依法进行环境影响评价。

未依法进行环境影响评价的开发利用规划，不得组织实施；未依法进行环境影响评价的建设项目，不得开工建设。

第二十条 国家建立跨行政区域的重点区域、流域环境污染和生态破坏联合防治协调机制，实行统一规划、统一标准、统一监测、统一的防治措施。

前款规定以外的跨行政区域的环境污染和生态破坏的防治，由上级人民政府协调解决，或者由有关地方人民政府协商解决。

第二十一条 国家采取财政、税收、价格、政府采购等方面的政策和措施，鼓励和支持环境保护技术装备、资源综合利用和环境服务等环境保护产业的发展。

第二十二条 企业事业单位和其他生产经营者，在污染物排放符合法定要求的基础上，进一步减少污染物排放的，人民政府应当依法采取财政、税收、价格、政府采购等方面的政策和措施予以鼓励和支持。

第二十三条 企业事业单位和其他生产经营者，为改善环境，依照有关规定转产、搬迁、关闭的，人民政府应当予以支持。

第二十四条 县级以上人民政府环境保护主管部门及其委托的环境监察机构和其他负有环境保护监督管理职责的部门，有权对排放污染物的企业事业单位和其他生产经营者进行现场检查。被检查者应当如实反映情况，提供必要的资料。实施现场检查的部门、机构及其工作人员应当为被检查者保守商业秘密。

第二十五条 企业事业单位和其他生产经营者违反法律法规规定排放污染物，造成或者可能造成严重污染的，县级以上人民政府环境保护主管部门和其他负有环境保护监督管理职责的部门，可以查封、扣押造成污染物排放的设施、设备。

第二十六条 国家实行环境保护目标责任制和考核评价制度。县级以上人民政府应当将环境保护目标完成情况纳入对本级人民政府负有环境保护监督管理职责的部门及其负责人和下级人民政府及其负责人的考核内容，作为对其考核评价的重要依据。考核结果应当向社会公开。

第二十七条 县级以上人民政府应当每年向本级人民代表大会或者人民代表大会常务委员会报告环境状况和环境保护目标完成情况，对发生的重大环境事件应当及时向本级人民代表大会常务委员会报告，依法接受监督。

第三章 保护和改善环境

第二十八条 地方各级人民政府应当根据环境保护目标和治理任务，采取有效措施，改善环境质量。

未达到国家环境质量标准的重点区域、流域的有关地方人民政府，应当制定限期达标规划，并采取措施按期达标。

第二十九条 国家在重点生态功能区、生态环境敏感区和脆弱区等区域划定生态保护红线，实行严格保护。

各级人民政府对具有代表性的各种类型的自然生态系统区域，珍稀、濒危的野生动植物自然分布区域，重要的水源涵养区域，具有重大科学文化价值的地质构造、著名溶洞和化石分布区、冰川、火山、温泉等自然遗迹，以及人文遗迹、古树名木，应当采取措施予以保护，严禁破坏。

第三十条 开发利用自然资源，应当合理开发，保护生物多样性，保障生态安全，依法制定有关生态保护和恢复治理方案并予以实施。

引进外来物种以及研究、开发和利用生物技术，应当采取措施，防止对生物多样性的破坏。

第三十一条 国家建立、健全生态保护补偿制度。

国家加大对生态保护地区的财政转移支付力度。有关地方人民政府应当落实生态保护补偿资金，确保其用于生态保护补偿。

国家指导受益地区和生态保护地区人民政府通过协商或者按照市场规则进行生态保护补偿。

第三十二条 国家加强对大气、水、土壤等的保护，建立和完善相应的调查、监测、评估和修复制度。

第三十三条 各级人民政府应当加强对农业环境的保护，促进农业环境保护新技术的使用，加强对农业污染源的监测预警，统筹有关部门采取措施，防治土壤污染和土地沙化、盐渍化、贫瘠化、石漠化、地面沉降以及防治植被破坏、水土流失、水体富营养化、水源枯竭、种源灭绝等生态失调现象，推广植物病虫害的综合防治。

县级、乡级人民政府应当提高农村环境保护公共服务水平，推动农村环境综合整治。

第三十四条 国务院和沿海地方各级人民政府应当加强对海洋环境的保护。向海洋排放污染物、倾倒废弃物，进行海岸工程和海洋工程建设，应当符合法律法规规定和有关标准，防止和减少对海洋环境的污染损害。

第三十五条 城乡建设应当结合当地自然环境的特点，保护植被、水域和自然景观，加强城市园林、绿地和风景名胜区的建设与管理。

第三十六条 国家鼓励和引导公民、法人和其他组织使用有利于保护环境的产品和再生产品，减少废弃物的产生。

国家机关和使用财政资金的其他组织应当优先采购和使用节能、节水、节材等有利于保护环境的产品、设备和设施。

第三十七条 地方各级人民政府应当采取措施，组织对生活废弃物的分类处置、回收利用。

第三十八条 公民应当遵守环境保护法律法规，配合实施环境保护措施，按照规定对生活废弃物进行分类放置，减少日常生活对环境造成的损害。

第三十九条 国家建立、健全环境与健康监测、调查和风险评估制度；鼓励和组织开展环境质量对公众健康影响的研究，采取措施预防和控制与环境污染有关的疾病。

第四章　防治污染和其他公害

第四十条 国家促进清洁生产和资源循环利用。

国务院有关部门和地方各级人民政府应当采取措施，推广清洁能源的生产和使用。

企业应当优先使用清洁能源，采用资源利用率高、污染物排放量少的工艺、设备以及废弃物综合利用技术和污染物无害化处理技术，减少污染物的产生。

第四十一条 建设项目中防治污染的设施，应当与主体工程同时设计、同时施工、同时投产使用。防治污染的设施应当符合经批准的环境影响评价文件的要求，不得擅自拆除或者闲置。

第四十二条 排放污染物的企业事业单位和其他生产经营者，应当采取措施，防治在生产建设或者其他活动中产生的废气、废水、废渣、医疗废物、粉尘、恶臭气体、放射性物质以及噪声、振动、光辐射、电磁辐射等对环境的污染和危害。

排放污染物的企业事业单位，应当建立环境保护责任制度，明确单位负责人和相关人员的责任。

重点排污单位应当按照国家有关规定和监测规范安装使用监测设备，保证监测设备正常运行，保存原始监测记录。

严禁通过暗管、渗井、渗坑、灌注或者篡改、伪造监测数据，或者不正常运行防治污染设施等逃避监管的方式违法排放污染物。

第四十三条 排放污染物的企业事业单位和其他生产经营者，应当按照国家有关规定缴纳排污费。排污费应当全部专项用于环境污染防治，任何单位和个人不得截留、挤占或者挪作他用。

依照法律规定征收环境保护税的，不再征收排污费。

第四十四条 国家实行重点污染物排放总量控制制度。重点污染物排放总量控制指标由国务院下达，省、自治区、直辖市人民政府分解落实。企业事业单位在执行国家和地方污染物排放标准的同时，应当遵守分解落实到本单位的重点污染物排放总量控制指标。

对超过国家重点污染物排放总量控制指标或者未完成国家确定的环境质量目标的地区，省级以上人民政府环境保护主管部门应当暂停审批其新增重点污染物排放总量的建设项目环境影响评价文件。

第四十五条 国家依照法律规定实行排污许可管理制度。

实行排污许可管理的企业事业单位和其他生产经营者应当按照排污许可证的要求排放污染物；未取得排污许可证的，不得排放污染物。

第四十六条 国家对严重污染环境的工艺、设备和产品实行淘汰制度。任何单位和个人不得生产、销售或者转移、使用严重污染环境的工艺、设备和产品。

禁止引进不符合我国环境保护规定的技术、设备、材料和产品。

第四十七条 各级人民政府及其有关部门和企业事业单位，应当依照《中华人民共和国突发事件应对法》的规定，做好突发环境事件的风险控制、应急准备、应急处置和事后恢复等工作。

县级以上人民政府应当建立环境污染公共监测预警机制，组织制定预警方案；环境受到污染，可能影响公众健康和环境安全时，依法及时公布预警信息，启动应急措施。

企业事业单位应当按照国家有关规定制定突发环境事件应急预案，报环境保护主管部门和有关部门备案。在发生或者可能发生突发环境事件时，企业事业单位应当立即采取措施处理，及时通报可能受到危害的单位和居民，并向环境保护主管部门和有关部门报告。

突发环境事件应急处置工作结束后，有关人民政府应当立即组织评估事件造成的环境影响和损失，并及时将评估结果向社会公布。

第四十八条 生产、储存、运输、销售、使用、处置化学物品和含有放射性物质的物品，应当遵守国家有关规定，防止污染环境。

第四十九条　各级人民政府及其农业等有关部门和机构应当指导农业生产经营者科学种植和养殖，科学合理施用农药、化肥等农业投入品，科学处置农用薄膜、农作物秸秆等农业废弃物，防止农业面源污染。

禁止将不符合农用标准和环境保护标准的固体废物、废水施入农田。施用农药、化肥等农业投入品及进行灌溉，应当采取措施，防止重金属和其他有毒有害物质污染环境。

畜禽养殖场、养殖小区、定点屠宰企业等的选址、建设和管理应当符合有关法律法规规定。从事畜禽养殖和屠宰的单位和个人应当采取措施，对畜禽粪便、尸体和污水等废弃物进行科学处置，防止污染环境。

县级人民政府负责组织农村生活废弃物的处置工作。

第五十条　各级人民政府应当在财政预算中安排资金，支持农村饮用水水源地保护、生活污水和其他废弃物处理、畜禽养殖和屠宰污染防治、土壤污染防治和农村工矿污染治理等环境保护工作。

第五十一条　各级人民政府应当统筹城乡建设污水处理设施及配套管网，固体废物的收集、运输和处置等环境卫生设施，危险废物集中处置设施、场所以及其他环境保护公共设施，并保障其正常运行。

第五十二条　国家鼓励投保环境污染责任保险。

第五章　信息公开和公众参与

第五十三条　公民、法人和其他组织依法享有获取环境信息、参与和监督环境保护的权利。

各级人民政府环境保护主管部门和其他负有环境保护监督管理职责的部门，应当依法公开环境信息、完善公众参与程序，为公民、法人和其他组织参与和监督环境保护提供便利。

第五十四条　国务院环境保护主管部门统一发布国家环境质量、重点污染源监测信息及其他重大环境信息。省级以上人民政府环境保护主管部门定期发布环境状况公报。

县级以上人民政府环境保护主管部门和其他负有环境保护监督管

理职责的部门，应当依法公开环境质量、环境监测、突发环境事件以及环境行政许可、行政处罚、排污费的征收和使用情况等信息。

县级以上地方人民政府环境保护主管部门和其他负有环境保护监督管理职责的部门，应当将企业事业单位和其他生产经营者的环境违法信息记入社会诚信档案，及时向社会公布违法者名单。

第五十五条 重点排污单位应当如实向社会公开其主要污染物的名称、排放方式、排放浓度和总量、超标排放情况，以及防治污染设施的建设和运行情况，接受社会监督。

第五十六条 对依法应当编制环境影响报告书的建设项目，建设单位应当在编制时向可能受影响的公众说明情况，充分征求意见。

负责审批建设项目环境影响评价文件的部门在收到建设项目环境影响报告书后，除涉及国家秘密和商业秘密的事项外，应当全文公开；发现建设项目未充分征求公众意见的，应当责成建设单位征求公众意见。

第五十七条 公民、法人和其他组织发现任何单位和个人有污染环境和破坏生态行为的，有权向环境保护主管部门或者其他负有环境保护监督管理职责的部门举报。

公民、法人和其他组织发现地方各级人民政府、县级以上人民政府环境保护主管部门和其他负有环境保护监督管理职责的部门不依法履行职责的，有权向其上级机关或者监察机关举报。

接受举报的机关应当对举报人的相关信息予以保密，保护举报人的合法权益。

第五十八条 对污染环境、破坏生态，损害社会公共利益的行为，符合下列条件的社会组织可以向人民法院提起诉讼：

（一）依法在设区的市级以上人民政府民政部门登记；

（二）专门从事环境保护公益活动连续五年以上且无违法记录。

符合前款规定的社会组织向人民法院提起诉讼，人民法院应当依法受理。

提起诉讼的社会组织不得通过诉讼牟取经济利益。

第六章　法律责任

第五十九条　企业事业单位和其他生产经营者违法排放污染物，受到罚款处罚，被责令改正，拒不改正的，依法作出处罚决定的行政机关可以自责令改正之日的次日起，按照原处罚数额按日连续处罚。

前款规定的罚款处罚，依照有关法律法规按照防治污染设施的运行成本、违法行为造成的直接损失或者违法所得等因素确定的规定执行。

地方性法规可以根据环境保护的实际需要，增加第一款规定的按日连续处罚的违法行为的种类。

第六十条　企业事业单位和其他生产经营者超过污染物排放标准或者超过重点污染物排放总量控制指标排放污染物的，县级以上人民政府环境保护主管部门可以责令其采取限制生产、停产整治等措施；情节严重的，报经有批准权的人民政府批准，责令停业、关闭。

第六十一条　建设单位未依法提交建设项目环境影响评价文件或者环境影响评价文件未经批准，擅自开工建设的，由负有环境保护监督管理职责的部门责令停止建设，处以罚款，并可以责令恢复原状。

第六十二条　违反本法规定，重点排污单位不公开或者不如实公开环境信息的，由县级以上地方人民政府环境保护主管部门责令公开，处以罚款，并予以公告。

第六十三条　企业事业单位和其他生产经营者有下列行为之一，尚不构成犯罪的，除依照有关法律法规规定予以处罚外，由县级以上人民政府环境保护主管部门或者其他有关部门将案件移送公安机关，对其直接负责的主管人员和其他直接责任人员，处十日以上十五日以下拘留；情节较轻的，处五日以上十日以下拘留：

（一）建设项目未依法进行环境影响评价，被责令停止建设，拒不执行的；

（二）违反法律规定，未取得排污许可证排放污染物，被责令停止排污，拒不执行的；

（三）通过暗管、渗井、渗坑、灌注或者篡改、伪造监测数据，或者不正常运行防治污染设施等逃避监管的方式违法排放污染物的；

（四）生产、使用国家明令禁止生产、使用的农药，被责令改正，拒不改正的。

第六十四条 因污染环境和破坏生态造成损害的，应当依照《中华人民共和国侵权责任法》的有关规定承担侵权责任。

第六十五条 环境影响评价机构、环境监测机构以及从事环境监测设备和防治污染设施维护、运营的机构，在有关环境服务活动中弄虚作假，对造成的环境污染和生态破坏负有责任的，除依照有关法律法规规定予以处罚外，还应当与造成环境污染和生态破坏的其他责任者承担连带责任。

第六十六条 提起环境损害赔偿诉讼的时效期间为三年，从当事人知道或者应当知道其受到损害时起计算。

第六十七条 上级人民政府及其环境保护主管部门应当加强对下级人民政府及其有关部门环境保护工作的监督。发现有关工作人员有违法行为，依法应当给予处分的，应当向其任免机关或者监察机关提出处分建议。

依法应当给予行政处罚，而有关环境保护主管部门不给予行政处罚的，上级人民政府环境保护主管部门可以直接作出行政处罚的决定。

第六十八条 地方各级人民政府、县级以上人民政府环境保护主管部门和其他负有环境保护监督管理职责的部门有下列行为之一的，对直接负责的主管人员和其他直接责任人员给予记过、记大过或者降级处分；造成严重后果的，给予撤职或者开除处分，其主要负责人应当引咎辞职：

（一）不符合行政许可条件准予行政许可的；

（二）对环境违法行为进行包庇的；

（三）依法应当作出责令停业、关闭的决定而未作出的；

（四）对超标排放污染物、采用逃避监管的方式排放污染物、造成环境事故以及不落实生态保护措施造成生态破坏等行为，发现或者接到举报未及时查处的；

（五）违反本法规定，查封、扣押企业事业单位和其他生产经营者的设施、设备的；

（六）篡改、伪造或者指使篡改、伪造监测数据的；

（七）应当依法公开环境信息而未公开的；

（八）将征收的排污费截留、挤占或者挪作他用的；

（九）法律法规规定的其他违法行为。

第六十九条 违反本法规定，构成犯罪的，依法追究刑事责任。

第七章 附则

第七十条 本法自 2015 年 1 月 1 日起施行。

中华人民共和国环境保护法（旧）

(1989年12月26日第七届全国人民代表大会常务委员会第十一次会议通过 1989年12月26日中华人民共和国主席令第二十二号公布施行)

目 录

第一章 总则
第二章 环境监督管理
第三章 保护和改善环境
第四章 防治环境污染和其他公害
第五章 法律责任
第六章 附则

第一章 总则

第一条 为保护和改善生活环境与生态环境，防治污染和其他公害，保障人体健康，促进社会主义现代化建设的发展，制定本法。

第二条 本法所称环境，是指影响人类生存和发展的各种天然的和经过人工改造的自然因素的总体，包括大气、水、海洋、土地、矿藏、森林、草原、野生生物、自然遗迹、人文遗迹、自然保护区、风景名胜区、城市和乡村等。

第三条 本法适用于中华人民共和国领域和中华人民共和国管辖的其他海域。

第四条 国家制定的环境保护规划必须纳入国民经济和社会发展计划，国家采取有利于环境保护的经济、技术政策和措施，使环境保护工作同经济建设和社会发展相协调。

第五条 国家鼓励环境保护科学教育事业的发展，加强环境保护科学技术的研究和开发，提高环境保护科学技术水平，普及环境保护的科学知识。

第六条 一切单位和个人都有保护环境的义务,并有权对污染和破坏环境的单位和个人进行检举和控告。

第七条 国务院环境保护行政主管部门,对全国环境保护工作实施统一监督管理。

县级以上地方人民政府环境保护行政主管部门,对本辖区的环境保护工作实施统一监督管理。

国家海洋行政主管部门、港务监督、渔政渔港监督、军队环境保护部门和各级公安、交通、铁道、民航管理部门,依照有关法律的规定对环境污染防治实施监督管理。

县级以上人民政府的土地、矿产、林业、农业、水利行政主管部门,依照有关法律的规定对资源的保护实施监督管理。

第八条 对保护和改善环境有显著成绩的单位和个人,由人民政府给予奖励。

第二章 环境监督管理

第九条 国务院环境保护行政主管部门制定国家环境质量标准。

省、自治区、直辖市人民政府对国家环境质量标准中未作规定的项目,可以制定地方环境质量标准,并报国务院环境保护行政主管部门备案。

第十条 国务院环境保护行政主管部门根据国家环境质量标准和国家经济、技术条件,制定国家污染物排放标准。

省、自治区、直辖市人民政府对国家污染物排放标准中未作规定的项目,可以制定地方污染物排放标准;对国家污染物排放标准中已作规定的项目,可以制定严于国家污染物排放标准的地方污染物排放标准。地方污染物排放标准须报国务院环境保护行政主管部门备案。

凡是向已有地方污染物排放标准的区域排放污染物的,应当执行地方污染物排放标准。

第十一条 国务院环境保护行政主管部门建立监测制度,制定监测规范,会同有关部门组织监测网络,加强对环境监测的管理。

国务院和省、自治区、直辖市人民政府的环境保护行政主管部门，应当定期发布环境状况公报。

第十二条　县级以上人民政府环境保护行政主管部门，应当会同有关部门对管辖范围内的环境状况进行调查和评价，拟订环境保护规划，经计划部门综合平衡后，报同级人民政府批准实施。

第十三条　建设污染环境的项目，必须遵守国家有关建设项目环境保护管理的规定。

建设项目的环境影响报告书，必须对建设项目产生的污染和对环境的影响作出评价，规定防治措施，经项目主管部门预审并依照规定的程序报环境保护行政主管部门批准。环境影响报告书经批准后，计划部门方可批准建设项目设计任务书。

第十四条　县级以上人民政府环境保护行政主管部门或者其他依照法律规定行使环境监督管理权的部门，有权对管辖范围内的排污单位进行现场检查。被检查的单位应当如实反映情况，提供必要的资料。检查机关应当为被检查的单位保守技术秘密和业务秘密。

第十五条　跨行政区的环境污染和环境破坏的防治工作，由有关地方人民政府协商解决，或者由上级人民政府协调解决，作出决定。

第三章　保护和改善环境

第十六条　地方各级人民政府，应当对本辖区的环境质量负责，采取措施改善环境质量。

第十七条　各级人民政府对具有代表性的各种类型的自然生态系统区域，珍稀、濒危的野生动植物自然分布区域，重要的水源涵养区域，具有重大科学文化价值的地质构造、著名溶洞和化石分布区、冰川、火山、温泉等自然遗迹，以及人文遗迹、古树名木，应当采取措施加以保护，严禁破坏。

第十八条　在国务院、国务院有关主管部门和省、自治区、直辖市人民政府划定的风景名胜区、自然保护区和其他需要特别保护的区域内，不得建设污染环境的工业生产设施；建设其他设施，其污染物排放不得超过规定的排放标准。已经建成的设施，其污染物排放超过规定的排放标准的，限期治理。

第十九条 开发利用自然资源，必须采取措施保护生态环境。

第二十条 各级人民政府应当加强对农业环境的保护，防治土壤污染、土地沙化、盐渍化、贫瘠化、沼泽化、地面沉降和防治植被破坏、水土流失、水源枯竭、种源灭绝以及其他生态失调现象的发生和发展，推广植物病虫害的综合防治，合理使用化肥、农药及植物生长激素。

第二十一条 国务院和沿海地方各级人民政府应当加强对海洋环境的保护。向海洋排放污染物、倾倒废弃物，进行海岸工程建设和海洋石油勘探开发，必须依照法律的规定，防止对海洋环境的污染损害。

第二十二条 制定城市规划，应当确定保护和改善环境的目标和任务。

第二十三条 城乡建设应当结合当地自然环境的特点，保护植被、水域和自然景观，加强城市园林、绿地和风景名胜区的建设。

第四章 防治环境污染和其他公害

第二十四条 产生环境污染和其他公害的单位，必须把环境保护工作纳入计划，建立环境保护责任制度；采取有效措施，防治在生产建设或者其他活动中产生的废气、废水、废渣、粉尘、恶臭气体、放射性物质以及噪声、振动、电磁波辐射等对环境的污染和危害。

第二十五条 新建工业企业和现有工业企业的技术改造，应当采用资源利用率高、污染物排放量少的设备和工艺，采用经济合理的废弃物综合利用技术和污染物处理技术。

第二十六条 建设项目中防治污染的设施，必须与主体工程同时设计、同时施工、同时投产使用。防治污染的设施必须经原审批环境影响报告书的环境保护行政主管部门验收合格后，该建设项目方可投入生产或者使用。

防治污染的设施不得擅自拆除或者闲置，确有必要拆除或者闲置的，必须征得所在地的环境保护行政主管部门同意。

第二十七条 排放污染物的企业事业单位，必须依照国务院环境保护行政主管部门的规定申报登记。

第二十八条 排放污染物超过国家或者地方规定的污染物排放标准的企业事业单位，依照国家规定缴纳超标准排污费，并负责治理。水污染防治法另有规定的，依照水污染防治法的规定执行。

征收的超标准排污费必须用于污染的防治，不得挪作他用，具体使用办法由国务院规定。

第二十九条 对造成环境严重污染的企业事业单位，限期治理。

中央或者省、自治区、直辖市人民政府直接管辖的企业事业单位的限期治理，由省、自治区、直辖市人民政府决定。市、县或者市、县以下人民政府管辖的企业事业单位的限期治理，由市、县人民政府决定。被限期治理的企业事业单位必须如期完成治理任务。

第三十条 禁止引进不符合我国环境保护规定要求的技术和设备。

第三十一条 因发生事故或者其他突然性事件，造成或者可能造成污染事故的单位，必须立即采取措施处理，及时通报可能受到污染危害的单位和居民，并向当地环境保护行政主管部门和有关部门报告，接受调查处理。

可能发生重大污染事故的企业事业单位，应当采取措施，加强防范。

第三十二条 县级以上地方人民政府环境保护行政主管部门，在环境受到严重污染威胁居民生命财产安全时，必须立即向当地人民政府报告，由人民政府采取有效措施，解除或者减轻危害。

第三十三条 生产、储存、运输、销售、使用有毒化学物品和含有放射性物质的物品，必须遵守国家有关规定，防止污染环境。

第三十四条 任何单位不得将产生严重污染的生产设备转移给没有污染防治能力的单位使用。

第五章　法律责任

第三十五条 违反本法规定，有下列行为之一的，环境保护行政主管部门或者其他依照法律规定行使环境监督管理权的部门可以根据不同情节,给予警告或者处以罚款:(一)拒绝环境保护行政主管部门或者其他依照法律规定行使环境监督管理权的部门现场检查或者在被检查时弄虚作假的。

(二)拒报或者谎报国务院环境保护行政主管部门规定的有关污染物排放申报事项的。

(三)不按国家规定缴纳超标准排污费的。

(四)引进不符合我国环境保护规定要求的技术和设备的。

(五)将产生严重污染的生产设备转移给没有污染防治能力的单位使用的。

第三十六条 建设项目的防治污染设施没有建成或者没有达到国家规定的要求,投入生产或者使用的,由批准该建设项目的环境影响报告书的环境保护行政主管部门责令停止生产或者使用,可以并处罚款。

第三十七条 未经环境保护行政主管部门同意,擅自拆除或者闲置防治污染的设施,污染物排放超过规定的排放标准的,由环境保护行政主管部门责令重新安装使用,并处罚款。

第三十八条 对违反本法规定,造成环境污染事故的企业事业单位,由环境保护行政主管部门或者其他依照法律规定行使环境监督管理权的部门根据所造成的危害后果处以罚款;情节较重的,对有关责任人员由其所在单位或者政府主管机关给予行政处分。

第三十九条 对经限期治理逾期未完成治理任务的企业事业单位,除依照国家规定加收超标准排污费外,可以根据所造成的危害后果处以罚款,或者责令停业、关闭。

前款规定的罚款由环境保护行政主管部门决定。责令停业、关闭,由作出限期治理决定的人民政府决定;责令中央直接管辖的企业事业单位停业、关闭,须报国务院批准。

第四十条 当事人对行政处罚决定不服的,可以在接到处罚通知之日起十五日内,向作出处罚决定的机关的上一级机关申请复议;对复议决定不服的,可以在接到复议决定之日起十五日内,向人民法院起诉。当事人也可以在接到处罚通知之日起十五日内,直接向人民法院起诉。当事人逾期不申请复议、也不向人民法院起诉、又不履行处罚决定的,由作出处罚决定的机关申请人民法院强制执行。

第四十一条 造成环境污染危害的,有责任排除危害,并对直接受到损害的单位或者个人赔偿损失。

赔偿责任和赔偿金额的纠纷,可以根据当事人的请求,由环境保护行政主管部门或者其他依照法律规定行使环境监督管理权的部门处理;当事人对处理决定不服的,可以向人民法院起诉。当事人也可以直接向人民法院起诉。

完全由于不可抗拒的自然灾害,并经及时采取合理措施,仍然不能避免造成环境污染损害的,免予承担责任。

第四十二条 因环境污染损害赔偿提起诉讼的时效期间为三年,从当事人知道或者应当知道受到污染损害时起计算。

第四十三条 违反本法规定,造成重大环境污染事故,导致公私财产重大损失或者人身伤亡的严重后果的,对直接责任人员依法追究刑事责任。

第四十四条 违反本法规定,造成土地、森林、草原、水、矿产、渔业、野生动植物等资源的破坏的,依照有关法律的规定承担法律责任。

第四十五条 环境保护监督管理人员滥用职权、玩忽职守、徇私舞弊的,由其所在单位或者上级主管机关给予行政处分;构成犯罪的,依法追究刑事责任。

第六章 附则

第四十六条 中华人民共和国缔结或者参加的与环境保护有关的国际条约,同中华人民共和国法律有不同规定的,适用国际条约的规定,但中华人民共和国声明保留的条款除外。

第四十七条 本法自公布之日起施行。《中华人民共和国环境保护法(试行)》同时废止。

关键词索引

处罚 6, 7, 14, 15, 20, 40—45, 51, 52, 58, 71—79, 84, 87, 89—91, 93—98, 102—104, 106—111, 115—121, 124, 125, 129—132, 134—137, 140, 141, 145, 147, 149—151, 153—158, 160, 161, 163, 166, 168, 169, 172, 184—186, 193, 195

处分 84, 98, 115, 135, 137, 145, 149—152, 159—163, 186, 187, 193—195

征收 31, 33, 39, 56—59, 71, 79, 89, 98, 100—103, 106, 108—111, 137, 145, 173, 174, 182, 184, 187, 192, 195

排污 7, 11, 14, 24, 33, 36, 43—45, 52—59, 62, 71, 72, 85, 93, 95, 98—104, 106—108, 116, 117, 121, 123, 125, 136, 137, 145, 151, 153, 163, 170, 172—175, 182, 184, 186, 187, 190, 192, 193, 195

检查 36, 37, 40, 42, 43, 62, 65, 71—76, 87, 93, 96, 98, 122—125, 147, 151, 152, 154, 157, 162, 164, 169, 170, 172, 179, 190, 192, 195

污染物 5—9, 11, 13—16, 18, 19, 26, 33, 36—40, 43—47, 53, 54, 56, 57, 59—61, 78, 86, 98—104, 106—108, 121, 123—125, 136, 137, 154, 155, 162, 171, 172, 178, 179, 181, 182, 184—187, 189—193, 195

法律 1, 18, 23, 24, 26—32, 34—36, 39, 41, 42, 44, 47—50, 52, 54—59, 63, 64, 66, 68—75, 78—81, 87, 88, 90, 91, 93—95,

97—104, 106, 110—118, 120, 122—127, 129, 133—145, 147, 148, 150, 151, 153—155, 157—161, 163—168, 171, 173, 176, 177, 179, 181—183, 185—195

犯罪 84, 87, 115, 127—131, 134, 136, 137, 145, 149—151, 159, 161, 162, 165—167, 186, 187, 194, 195

环境 1—21, 24—78, 80—108, 111—118, 120—167, 169—173, 176—195

环境保护法 7, 27—30, 32, 35—37, 39, 51, 56, 64, 65, 71, 74, 78, 84, 91, 94, 101, 102, 114, 118, 122—124, 135—137, 140, 149, 150, 155, 156, 160, 161, 163, 176, 188, 194, 195

环境污染 1—4, 8—10, 12, 14, 18, 20, 21, 25—27, 32, 34, 37, 38, 42, 43, 51, 56, 71, 77, 82—85, 87, 90, 98, 100, 101, 111, 114, 115, 118, 124, 127, 128, 132, 135, 140, 141, 155, 156, 159, 163, 166, 169, 171, 172, 177, 179, 181—184, 186, 188—191, 193—195

生态 2—5, 9, 10, 15—18, 21, 25—29, 32—39, 51, 52, 56, 66, 71, 82, 99, 100, 124, 135, 137, 141, 160, 163, 171, 176—181, 185—188, 190, 191, 195

申请 7, 15, 19, 22, 23, 35, 40, 41, 43, 47, 50—55, 58, 61—65, 67—70, 76—79, 90, 93, 96—100, 103, 104, 106, 107, 109—112, 114, 116, 119—122, 137—139, 141, 146, 163, 164, 167, 168, 193, 195

程序 7, 28, 30, 36, 39, 43—46, 48, 50, 53—55, 60, 63, 65, 68, 69, 71, 74, 75, 78, 81, 85, 87—90, 93, 95—99, 102—104, 106, 109—111, 115—120, 122, 124—127, 129, 132, 138, 139, 143, 145, 146, 150, 152—156, 161, 173, 184, 190, 195

参考文献

1. 金瑞林主编:《环境法学》第2版,北京大学出版社2007年版。
2. 韩德培主编:《环境保护法教程》第5版,法律出版社2007年版。
3. 曹明德:《生态法原理》,人民出版社2002年版。
4. 陈慈阳:《环境法总论》,中国政法大学出版社2003年版。
5. 邱聪智:《公害法原理》,三民书局股份有限公司1984年版。
6. 蔡守秋主编:《环境政策学》,科学出版社2009年版。
7. 吕忠梅主编:《环境法案例辨析》,高等教育出版社2006年版。
8. 王树义主编:《环境与资源保护法学案例教程》,知识产权出版社2004年版。
9. 周训芳:《环境权论》,法律出版社2003年版。
10. 蔡守秋主编:《环境法案例教程》,复旦大学出版社2009年版。
11. 吕忠梅:《环境法新视野》,中国政法大学出版社2000年版。
12. 王灿发主编:《环境与自然资源法案例教程》,知识产权出版社2006年版。
13. 朱晓燕编著:《环境资源法案例教程》,中国法制出版社2013年版。
14. 王灿发、常纪文主编:《环境法案例教程》,清华大学出版社2008年版。
15. 张璐主编:《环境与资源保护法:案例与图表》,法律出版社2010年版。
16. 王文革主编:《环境资源法:理论·实务·案例》,中国政法大学出版社2011年版。
17. 高桂林等编著:《环境法:原理与案例》,知识产权出版社2012

年版。
18. 王树义等：《环境法基本理论研究》，科学出版社 2012 年版。
19. 王树义等：《环境法前沿问题研究》，科学出版社 2012 年版。
20. 蔡守秋主编：《环境资源法学教程》，人民法院出版社 2003 年版。
21. 张梓太：《环境法律责任研究》，商务印书馆 2004 年版。
22. 曹明德：《环境侵权法》，法律出版社 2000 年版。
23. 王明远：《环境侵权救济法律制度》，中国法制出版社 2001 年版。
24. 徐祥民、田其云等：《环境权：环境法学的基础研究》，北京大学出版社 2004 年版。
25. 黄锡生等编著：《环境与资源保护法学典型案例解析》，重庆大学出版社 2010 年版。
26. 法律出版社法规中心：《中华人民共和国环境保护法案例解读本》，法律出版社 2010 年版。
27. 林培英、杨国栋等主编：《环境问题案例教程》，中国环境科学出版社 2002 年版。
28. 别涛主编：《环境公益诉讼》，法律出版社 2007 年版。
29. 徐祥民等主编：《生态文明建设与环境公益诉讼》，知识产权出版社 2011 年版。
30. 杨朝霞等编著：《送法下乡之农村环境维权》，中国政法大学出版社 2010 年版。
31. 张梓太主编：《环境纠纷处理前沿问题研究——中日韩学者谈》，清华大学出版社 2007 年版。
32. 李国光主编：《环境保护行政诉讼解析·判例·参考》，民主法制出版社 2000 年版。
33. 日本律师协会主编：《日本环境诉讼典型案例与评析》，王灿发监修，皇甫景山译，中国政法大学出版社 2011 年版。
34. 王灿发主编：《环境纠纷处理的理论与实践》，中国政法大学出版社 2002 年版。
35. 肖海军主编：《环境保护法实例说》，湖南人民出版社 2000 年版。
36. 叁壹编著：《公民法律常识实用指南》，陕西出版集团、太白文艺出版社 2011 年版。
37. 林汐主编：《"六五"普法公民法律知识学习读本》，中国方正出版社 2011 年版。
38. 林嘉主编：《以案说法侵权民事责任编》，中国人民大学出版社 2000 年版。
39. 蒋传光等编著：《法律案例精析》，安徽大学出版社 2001 年版。
40. 王立主编：《环保法庭案例选编》，法律出版社 2012 年版。
41. 李艳芳主编：《环境保护法典型案例》，中国人民大学出版社 2003 年版。
42. 刘国涛主编：《环境与资源保护法学》，中国法制出版社 2004 年版。
43. 汪劲：《环境法律的理念与价值追求》，法律出版社 1999 年版。
44. 李挚萍：《环境法的新发展——管制与民主之互动》，人民法院出版社 2006 年版。
45. 王彬辉：《论环境法的逻辑嬗变——从"义务本位"到"权利本位"》，科学出版社 2006 年版。

后　记

　　自然环境是人类生存和发展必不可少的物质基础，保护环境其实就是保护人类自身的生存和发展，为了应对日趋严峻的环境问题，世界各国纷纷采取各种措施来遏制、减轻、消除和改善对环境的污染和破坏。其中，制定和实施环境保护方面的法律，乃不可或缺的一环，在环境保护中起着举足轻重的作用。

　　制定和实施环境保护法，目的是规范人们的环境行为，迫使人们以呵护的态度对待自然环境和自然资源，从而使人类社会的发展基础得到有效的保护。然而，环境保护法在社会生活中的顺利实现，其前提是必须要让社会的每一个成员知晓环境保护的法律规定，要让他们知道如何实施每一个与环境保护相关的环境行为。正是为了让人们迅速了解和掌握我国环境保护的基本法律规定，我们编写了《环境法制宣传以案说法系列读本》，选择"以案说法"这种编写方式，是为了增加读本的可读性、适用性和有用性。因为，读本中所选用的案例，都是现实生活中已经发生了的案例。结合这些案例，对我国环境保护法律的基本规定进行介绍和解读，可能更受读者的欢迎。

　　系列读本由《环境法制宣传以案说法公民读本》、《环境法制宣传以案说法企业读本》和《环境法制宣传以案说法执法人员读本》三个读本构成。环境保护与我们每一个公民的生活和工作密切相关。了解和掌握必要的环境法律知识，明白自己的环境法律权利和义务，对每一个公民来说都是十分必要的。企业是推动我国经济发展的主要力量，但同时，企业不当的生产方式和非科学发展又是造成环境污染、生态破坏、资源枯竭的重要原因。重要的问题是，如何使企业很好地遵守环境法律的规定，履行企业的环境保护义务。而了解和执行环境法律的规定，是企业承担环境保护责任的基本前提。环境行政执法是保障环境法有效实施的重要环节。编写《执法人员读本》就是为了帮助执法人员正确地理解和执行环境法律的规定，推动环境法治的发展。

本读本的编写得到了中华人民共和国环境保护部政策法规司的大力支持。在此深表感谢。

《环境法制宣传以案说法执法人员读本》由王树义任主编，吴宇任副主编，具体编写分工如下：

  第一章 吴宇 胡斌

  第二章 周迪 王树义

  第三章 冯汝

  第四章 戴茂华 刘静